民商法前沿研究系列丛书

林权法律问题研究

曹务坤　著

中国社会科学出版社

图书在版编目(CIP)数据

林权法律问题研究 / 曹务坤著 . —北京:中国社会科学出版社,
2012.11

(民商法前沿研究系列丛书)

ISBN 978 - 7 - 5161 - 2148 - 1

Ⅰ.①林⋯　Ⅱ.①曹⋯　Ⅲ.①林业 – 所有权 – 法规 – 研究 –
中国　Ⅳ.①D922.634

中国版本图书馆 CIP 数据核字(2013)第 039694 号

出 版 人	赵剑英
选题策划	宫京蕾
责任编辑	许　琳
责任校对	李　莉
技术编辑	李　建

出　　版	中国社会科学出版社
社　　址	北京鼓楼西大街甲 158 号 （邮编 100720）
网　　址	http: //www. csspw. cn
	中文域名:中国社科网　　010 – 64070619
发 行 部	010 – 84083685
门 市 部	010 – 84029450
经　　销	新华书店及其他书店

印　　刷	北京奥隆印刷厂
装　　订	北京市兴怀印刷厂
版　　次	2012 年 11 月第 1 版
印　　次	2012 年 11 月第 1 次印刷

开　　本	710 × 1000　1/16
印　　张	12.25
插　　页	2
字　　数	203 千字
定　　价	36.00 元

丛书编委会

本丛书由以下编委组成（以姓氏笔画为序）：

李建生　陈玉梅　邵泽春　周剑云

胡甲庆　陶钟灵　曹务坤　覃远春

民商法前沿系列丛书总序

　　学科是对社会实践的理论回应或前瞻性研究，起着对人类社会各领域知识进行分门别类研究、归纳、整理、传播和创新的重要功能。学术研究是大学的本质属性，其核心在于知识创新。从这个意义上讲，重视学科建设和发展乃是向大学本质的回归。学科建设和发展还决定着知识创新的能力和水平，从而很大程度上决定着高校人才培养和社会服务的质量。

　　贵州财经大学虽地处僻壤，但同样肩负着为经济社会特别是当地经济社会发展培养人才、提供科研服务和从事具有地方性知识特色学术研究的使命。为推进学科发展，贵州财经大学已连续开展了四期重点学科建设工程。民商法学也位列其中。为及时总结近年来民商法学建设的初步成果，贵州财经大学法学院与中国社会科学出版社共同推出"民商法学前沿系列丛书"。

　　本丛书的入选标准有二：一是突出民商法学科的最新研究成果；二是突出具有地方性知识特色并有利于当地法治建设的研究成果。

　　本丛书的问世，得益于中国社会科学出版社的鼓励、指导和支持。该社倡导学术繁荣，实令丛书作者和编委会同仁感佩。谨在此致以崇高的敬意！此外，还要感谢入编本丛书的各位作者，正是他们所倾注的心血，才使得本丛书得以成行。

　　本丛书的出版难免有不足甚至错误，在此，我们恳请学界同仁不吝赐教，提出批评和意见。

丛书编委会

2012 年 12 月

目　　录

前　言

一　研究背景

自从 2003 年以来，江西、福建及贵州等省就开始集体林权制度改革试点工作，在总结集体林权制度改革试点经验的基础上，中共中央国务院于 2008 年 6 月 8 日发布了《中共中央国务院关于全面推进集体林权制度改革的意见》，各省（直辖市、自治区）制定了《集体林权制度改革的实施方案》和有关集体林权制度改革的政策，各基层党委和政府认真落实《中共中央国务院关于全面推进集体林权制度改革的意见》、《集体林权制度改革的实施方案》和有关集体林权制度改革的政策，同时，各基层党委和政府都制定了《集体林权制度改革的实施方案》，并如火如荼地开展集体林权制度改革工作。

《国务院关于进一步促进贵州经济社会又好又快发展的若干意见》在战略定位中，明确了贵州作为长江、珠江上游重要生态安全屏障；在发展目标中，明确了到 2015 年森林覆盖率达到 45%，到 2020 年森林覆盖率达 50% 的指标；要求继续实施林业重点工程和石漠化综合治理等工程，加强湿地保护和自然保护区、森林公园建设，保护生物多样性，提升生态系统功能；提出大力发展林木产业，加强山区特色经济林建设，扶持发展林化工，有序发展林浆纸一体化，建设西南林木产业基地等。贵州省是我国的一个森林资源大省，山区面积占国土总面积的 92.5%，林业用地占全省国土总面积的一半，人均林地近 4 亩，森林覆盖率为 40.52%。林业用地面积 1.32 亿亩，占国土面积 49.8%，其中集体林地占林地面积的 96%。山地经济和生态经济自然是贵州省经济发展重要课题，根据现代制度经济学的观点，制度是破解经济发展"瓶颈"的重要方法，基于制度与经济内在关系的认识，集体林权制度是推动山地经济和生态经济发展的重要杠杆，由于集体林权制度存在产权不明晰、林权主体含糊、公益林界定不明确及林权运行监督不力等问题，所以集体林权制度改革当仁不让成为贵州山地经济和生态经济飞跃的先锋，自然而言，贵州成为全国集体林权制度改革的试点省份，变为全国集体林权制度改革的重要省份。

从事农村土地法律制度研究已十余年，虽说暨南大学严永和博士曾于2006年11月建议笔者应该好好研究贵州林权法律问题，当时，笔者并没有在意，真正关注林权法律问题是从2008年6月开始。2008年6月，为了申报贵州省教育厅课题，于是去学校（贵州财经大学）图书馆的省情图书室查资料，在查资料中发现集体林权制度改革是一个热点问题，因此以"贵州集体林权制度改革中的法律问题研究"为题申报了贵州省教育厅青年项目课题。在2008年至2010年深入贵州省的镇宁县、锦屏县、凯里市、金沙县等县市调研集体林权制度改革情况，也收集了集体林权制度改革方面的资料。于2010年7月，笔者以"贵州集体林权制度改革跟踪研究"为题申报贵州省科技厅、贵州财经大学软科学联合研究项目。原以为集体林权制度改革只是法律制度实施问题，只是司法问题，不涉及法律理论问题。在集体林权制度改革的调研中，在资料收集过程中，在阅读林权相关文献资料时，却发现集体林权制度改革中和林权的有些理论需要诠释和重构。2011年贵州财经大学法学院与中国社会科学出版社达成协议：中国社会科学出版社为贵州财经大学法学院出版"民商法前沿研究系列丛书"，贵州财经大学法学院领导与笔者协商，希望笔者撰写一本有关林权方面的专著，当然，笔者也期望借助"民商法前沿研究系列丛书"这一学术平台谈谈对林权法律问题的心得。

二 研究意义

（一）理论意义：1. 从法人类学、法社会学及文本解释学等维度探讨林权的概念，纠正对林权概念的误解，修正林权概念，在对林权概念认识和修正的基础上，对林权的类型进行体系化研究，为林权制度的完善和林权司法问题解决提供理论基础。2. 沿着从"价值"到"规范"的进路诠释林权法律制度内在因素的关系和各内在因素的运动轨迹，尤其是分析林权政策与林权法律原则互动规律，为林权法律规则的完善和集体林权制度改革提供方法论。3. 对我国集体林权制度改革的法律精神研究，既可以拓展和丰富民法主体理论和我国物权法理论，也可以拓展和丰富环境生态法律理论和综合法理学理论。4. 对贵州集体林权制度改革中所存在的法律问题的研究，这既可以丰富和拓展政策和法律的关系理论，又可以丰富和拓展法律移植和本土资源相结合的去马克思主义的法学理论。

（二）实际意义：1. 对我国集体林权制度改革的法律精神研究，可以为贵州有关林权方面的法规的制定和修订提供理论依据。2. 对湖南、福建、河南、江西等省份集体林权制度改革政策和地方法规缺陷的检讨，为各省集体林权制度改革政策和地方法规的完善提供经验和方法，从而为集体林权制度改革政策完善提供依据。3. 对贵州集体林权制度改革中所存在的法律问题的实证研究和思辨研究，这既可以为贵州有关林权法律制度的修改和完善提供真实有效的信息，又可以为林权纠纷的解决提供法律方法和经验，更可以为贵州的新农村建设和生态文明建设提供良好的法制环境。4. 贵州是我国集体林权制度改革的重点试点省份之一，贵州集体林权制度改革成功与否对贵州"三农"问题的解决和贵州新农村建设具有举足轻重的影响。一方面，贵州省集体林权制度改革是一个复杂的系统工程；另一方面，贵州集体林权制度改革本身是一个法律问题，贵州集体林权制度改革中必然会存在一些法律问题，如何解决贵州集体林权制度改革中所存在的法律问题会关系到贵州集体林权制度改革成功与否。对贵州集体林权制度改革现状的实证研究，发现贵州集体林权制度改革中存在的法律问题，为贵州集体林权制度改革中所存在的法律问题的解决提出了一些立法建议和司法建议。

三　研究目的

本研究目的有二：一是多维度而系统的研究林权的本体，为林权法律制度的完善和林权纠纷解决提供一些理论和方法。二是了解贵州集体林权制度改革的现状，分析贵州集体林权制度改革中所存在的问题，探讨并针对贵州集体林权制度改革中所存在问题的产生根源，分析影响贵州集体林权制度改革的因素，在此基础上，为进一步深化贵州集体林权制度改革提供切实可行的建议，为贵州集体林权制度改革预期目标的完成提供依据。从制度经济学和政策的视角为贵州的"生态经济"和"山地经济"的发展提供依据，以及为"反贫困问题"的解决提供依据。

四　研究方法

（一）田野调查法。笔者和课题组成员杨凡、黄繁盛、孙光辉、刘鹏，以及张开育等已从贵州财经大学毕业的学生对贵州省贵阳市、六盘水市、凯里市、开阳县、镇宁县、金沙市等市、县的有关集体林权制度改革的部门的领导、工作人员、村干部及 18—60 岁农村家庭主要成员做了访谈和问卷调查。

（二）文献资料分析法。收集有关林权法律方面的各种资料，深入田间收集贵州集体林权制度改革的第一手资料，对这些资料进行比较分析、规范分析及数量分析，提炼了一些有效性和真实性的信息，支撑相应的论点。

（三）扩展个案法和数量分析法。对贵州省集体林权制度改革的现状及存在问题调研和分析时，采用"扩展个案方法"[①]；对探讨贵州省集体林权制度改革的现状及存在问题时，运用了数量分析法。

（四）规范分析法。对林权法律制度和集体林权制度改革政策和法规进行规范分析，归纳了林权法律制度存在的缺陷，揭示了集体林权制度改革的法律精神，梳理了集体林权制度的缺陷，归纳了集体林权制度改革与司法实践的冲突。

（五）系统法。把林权视作系统进行深入研究，运用法人类学和法社会学的理论和方法检讨林权理论、林权法律制度及林权运行等个体问题，也探讨了它们之间的内在运动关系。

（六）经验判断法。每个人都有自己的生活经历和工作经历，每个人的世界观和方法论的形成都与自身的经历密切相关。所以对林权法律问题研究时，也有意识或无意识地运用经验判断法。

五　研究路径

本书研究路径有三：第一条研究路径是：理论研究到实证研究；第二条研究路径是：价值研究到规范研究；第三条研究途径是：规范分析到司法实践反思。

---

①　扩展个案方法是在分析性概括的基础上再向前推进一步：跳出个别个案本身，走向宏大场景。概括而言，扩展个案方法通过对宏观、微观两方面因素的经验考察，达到对问题的深入理解。问题可大可小，搜集资料兼涉宏观和微观两个方面，分析时则始终抱持反思性的信条，时时体察宏观权力等因素对日常实践的渗透性和影响力。参见卢晖临、李雪《如何走出个案——从个案研究到扩展个案研究》，载朱晓阳、侯猛主编《法律与人类学：中国读本》，北京大学出版社 2008 年版，第 360—361 页。

六　研究现状述评

(一)林权理论研究现状述评

温世扬、林旭霞、张冬梅、周伯煌、魏华、韦蕙兰、陈海云、任晓冬、刘宏明等学者从权利的客体(范围)研究了林权的概念。对于他们的观点，将在林权的概念中列举，并加以述评。高利红认为，森林的权利主体的立法模式存在缺陷。"就现有法律而言，采用的主要是主体标准。根据这一标准，森林的权利主体有三类：国家、集体和个人。并排除客体标准。"① "一元主义的模式不能够适应资源优化配置的需要，更无助于缓解加诸在森林资源上权属之间的紧张关系。因此，二元主义才是我们要选择的合理模式。"② 杜群和王兆平认为，"公益林"这一概念并没有法定。"公益林是政策性概念，《森林法》没有明确规定公益林的概念及其防护林、特种用途林的关系。"③ 廖奕和陈娟从类型化和环境权的层面探讨了林权的性质。"按照现行的林业法律法规，林权作为一种复合性权利，包括森林、林木和林地所有权，森林、林木和林地使用权，林地承包经营权等财产性权利。"④ "笔者认为，将林权定性为一种财产权是片面的，有很大的局限性。人对财产的所有权以及蕴含于其中的对财产的任意处置权利，构成财产的极大破坏性，最终也会伤害到人自身的根本利益。"⑤ 张平从经济法的视角研究森林和林木的法律规制。"笔者认为，《森林法》作为经济法的组成部分，体现出国家干预经济职能，应当对森林和林木实施分类管理；《物权法》等作为民法的组成部分，为了明确物的归属，保护权利人的物权，没有必要对森林和林木予以区别对待。"⑥ 包玉华博士运用产权理论、制度变迁理论、物权理论及林业分类经营理论等理论分析了非公有制林业法律管理制度的缺陷，研究了它的发展、现状及原则和体系，介绍了美国、芬兰和日本等国家的非公有制林业管理和经营法律制度

① 高利红：《森林权属的法律体系构造》，《现代法学》2004 年第 5 期。

② 同上。

③ 杜群、王兆平：《集体林权改革中林地流转规范的冲突与协调》，《江西社会科学》2010 年第 10 期。

④ 廖奕、陈娟：《环境权视野下的集体林权制度分析》，《林业经济》2010 年第 10 期。

⑤ 同上。

⑥ 张平：《我国集体林权产权制度改革的适法性分析》，《河北法学》2009 年第 12 期。

的立法和司法经验。"非公有制林业法律管理制度存在的主要问题是：非公有制林业物权保护法律制度不完善，非公有制林业林权流转法律管理制度存在缺陷，现有森林经营管理法律制度制约非公有制林业的发展，非公有制林业资源保护法律制度缺失和非公有制林业法律管理制度实施的外部保障机制不健全。解决方法是借鉴美国、芬兰和日本等国家的成功经验：稳定的林权、健全法制、高效的管理体制和经营体制、适应林业发展的分类经营政策，完善的森林保险法律制度和政府促进私有林发展的护持政策。"① 吴萍从法律价值的维度论证公益林生态补偿制度的正当性。"公益林生态补偿制度解决了公益林生态外部经济性的市场失灵问题，公共物品属性的非排他性问题，体现了公平正义价值，消除了林权改革给生态安全带来隐患的消极影响，维护了人与自然的和谐秩序，体现了秩序价值；以较少的投入，实现了生态效益，社会效益的最大化体现了效益价值。"② 蔡晶晶运用生态系统论证林权制度对森林生态的效果。"社会——生态耦合，是指人类行动和生态结构是紧密地联系在一起且相互依赖的，形成了相互耦合、多位互动的社会——生态系统之间的互惠效果和反馈。"③ "根据社会——生态系统耦合分析理论，森林是生态系统之下的子系统，人类则是社会系统的子系统，人类行动通过组织、时间和空间三个维度影响森林生态效果。"④ "从系统边界的角度看，集体林权制度为创造良好的治理系统奠定了基础，但是从森林生物多样性的角度看，它又存在改变森林生态健康的威胁。"⑤ "推动集体林权制度改革扩展为可持续的森林资源治理，可采取以下措施：（1）治理系统：从产权改革到适应性治理；（2）使用者系统：能力建构和自主治理；（3）生态系统：恢复力建设。"⑥

以上学者对于林权法律理论研究存在以下一些不足。第一，忽视对一些重要的林权法律理论进行研究。如林权法律内在因素的互动性，未研究

---

① 包玉华：《非公有制林业法律管理制度研究》，东北林业大学 2009 年 12 月林业经济管理专业博士论文。

② 吴萍：《公益林生态补偿的法律价值评价》，《北方论丛》2010 年第 5 期。

③ 蔡晶晶：《社会——生态系统视野下的集体林权制度改革——一个新的政策框架》，《学术月刊》2011 年第 12 期。

④ 同上。

⑤ 同上。

⑥ 同上。

林权价值与林权法律原则的关系，未研究林权法律原则和林权法律规则与林权法律政策的关联性，也没有探讨司法实践对林权政策的回应。第二，不重视法人类学和法社会学的方法。林权法律问题实际上，首先是人类学问题，然后是社会学问题，最后是经济学问题、生态学问题和规范问题。因此，法人类学和法社会学等方法是检讨林权法律理论的重要方法。第三，他们的研究缺乏考量法治、民族文化多元化及乡村治理等背景。例如，林权法律原则和林权法律规则与林权法律政策的互动性就应该考量法治，林权的客体和主体的界定，公益林界定和补偿就应该考虑民族地区的实际情况和民族文化，林权监管理论和林权登记理论的诠释和建构就应该考虑乡村治理的特质。

（二）林权法律实证研究现状评述

胡玉良对林权法律制度规范的缺陷和完善作了一些探讨，杜群、王兆平从公益林和商品林的共性的视角探讨了公益林流转的必然性。"如《意见》没有明确限制公益林流转，但其相关规定的含义包括了公益林在不改变林地用途和林地性质的前提下可以流转。《国家林业局关于切实加强集体林权流转管理工作的意见》要求，限制公益林以转让方式流转，但允许在不改变公益林性质条件下以其他方式流转。"① "国家应当明确界定生态公益林和商品林的范围，以及规定公益林流转的条件。"②贺东航、朱冬亮等学者对集体林权制度作了类型化研究。"集体林权制度包括国家的正式林权制度和地方民间的非正式林权制度等两个层次，后者主要通过村级林权制度实施中展现出来。"③ 国外学者从多种角度分析影响林地流转行为及流转价格的因素，有些学者在分析林地流转行为与流转价格关系的基础上，构建了林地流转行为与林地流转价格的相关性的数学模式，从而为林地流转法律制度的修改和完善提供事实依据。"国外学者对林地流转的研究主要涉及林地流转及价格影响因素方面。Daowei Zhang 认为林地产权的稳定性是土地所有者进行长期投资的关键。许多学者从多种角度分析影响林地流转行为及流转价格的因素。Lars

① 杜群、王兆平：《集体林权改革中林地流转规范的冲突与协调》，《江西社会科学》2010 年第 10 期。

② 同上。

③ 贺东航、朱冬亮：《集体林权制度改革研究 30 年回顾》，《林业经济》2010 年第 5 期。

Hultkrants 认为资产的价格即借款利率对林地流转的价格有影响，但这种影响比较有限，这主要是因为林地所有权者获取信贷总是受到限制。T. Aronsson 等认为林地自身特征和林地买卖双方特征等因素决定了林地是否流转。为了更全面地分析各方面因素的影响程度，R. Scarpa 等首次设计了定价模式分析影响美国威斯康星枫树的非木价值的影响因素，模式解释变量分为三类：生态特征、区位特征和社会经济状况。"[①] 杜群和王兆平等学者从实证主义法学的视角研究了集体林权制度改革中林地流转规范的冲突与协调。"对于防护林和特种用途林是否可以流转，《森林法》及其实施条例没有做出明确规定。"[②] 戴芳博士以产权理论和制度变迁理论为主要理论依据，对林权以及林权制度等相关概念进行清晰界定，以委托代理行为为理论依据，分析了影响林权制度安排政策效果的主要因素，在此基础上，运用比较分析法对不同林权类型在不同工业化阶段的政策效果进行比较分析，以公共物品理论为理论依据，利用 Binary Logistic 回归分析方法和交叉列联分析法等计量经济学方法以及博弈论方法对河北省林权制度变迁的未来政策取向进行实证分析。

林权法律实证研究存在一些不足。其一，有些林权法律规则仍是研究空白。例如，民族文化公益林的界定、补偿和处分法律机制，林地和林木承包经营权登记法律规则和法律政策，林权法律规则的实施，林权法律规则与乡村司法和治理的冲突和协调等。其二，研究方法局限于规范分析、数量分析、经济分析及生态分析。其三，研究缺乏系统性和交叉性。未见法学学者对林权法律制度系统研究，法学学者、经济学者、社会学者及政治学者对林权法律制度研究局限于本领域的研究前沿成果和方法，相互之间缺乏学术交流，即使偶尔有学术交流，不同学科的研究成果的转化存在诸多障碍，如在经济学中林地"产权"的研究成果并不能直接转化为林地法律制度完善的论据，其重要的障碍是不同学科专业术语转化存在"短路"，如经济学中"产权"来源于英美法系国家，而我国财产法理论和财产术语则来源于大陆法系国家。

---

① 李彧挥、方苑、陈亮：《林农流转出林地意愿的影响因素分析——以湖南省安化县为例》，《江汉论坛》2012 年第 2 期。

② 杜群、王兆平：《集体林权改革中林地流转规范的冲突与协调》，《江西社会科学》2010 年第 10 期。

（三）集体林权制度改革研究现状评述

于德仲博士从赋权与规制相统一的角度总结了集体林权制度改革的一般规律，以经济学、法学等相关理论为指导，提出构建产权归属明晰、经营主体到位、责权划分明确、利益保障严格、流转程序规范、监管服务有效的现代集体林权制度的基本设想。以福建永安市、江西遂川县林权改革实践为例进行了实证研究，梳理了集体林权制度改革的历史。于德仲博士认为，育林基金制度存在的主要问题是：（1）育林基金使用范围扩大。（2）各地征收基价不统一。（3）征收部门多，征收比例高。中国人民大学和北京大学的一些学者对福建省和江西省的集体林权制度改革实际情况作了调研。"2005年和2006年，中国人民大学和北京大学分别接受了国家林业局的委托，对福建省和江西省这两个试点省份的集体林权制度改革实施情况进行了较为全面的调查研究。"① 陈珂、周荣伟、王春平、王嘉等学者利用二分类 Logistic 模型分析集体林权制度改革后影响辽宁省农户林地流转意愿的影响因素及影响程度。"根据辽宁省农户调查数据，利用二分类 Logistic 模型分析集体林权改革影响农户林地流转意愿的影响因素及影响程度。农户在流转决策时，市场、制度等外部环境因素的影响要大于农户家庭经济水平等内部因素的影响。提出完善交易制度，公平落实采伐指标，发展交易市场，建立合作组织等政策建议。"② 孙妍博士利用土地供给需求理论分析了福建省、江西省的90个村产权制度安排形成的影响因素。"运用 Faustmann 最优轮伐期模型进一步分析了不同林地使用费收取模式对于生产的影响。从农户林业生产投入情况来评价林业产权改革的绩效。"③ 谭世明、杨威、孙云逸等学者从主体视角探讨了集体林权制度改革和变迁路径。"集体林权制度变迁过程以政府第一行动集团为主导，以农户第二行动集团为主体，通过确权到户、配套改革和规范流转等重要环节，共同实现改革与变迁目标。"④ 韩秋波从林学、法学的视角回顾了新中国成立以来历次林权制度变迁。刘杰从制度经济学视角研究新集体林

---

① 贺东航、朱冬亮：《集体林权制度改革研究30年回顾》，《林业经济》2010年第5期。

② 陈珂、周荣伟、王春平、王嘉：《集体林权制度改革后的农户林地流转意愿影响因素分析》，《林业经济问题》2009年第12期。

③ 孙妍：《集体林权制度改革研究——产权制度安排与绩效》，北京林业大学2008年12月林业经济管理专业博士论文。

④ 谭世明、杨威、孙云逸：《集体林权制度改革与变迁路径研究》，《求索》2010年第5期。

权制度改革的政治原则。"新集体林权制度政策内涵公平分配的政治理念，从制度经济学视角研究新集体林权制度改革的政治原则。"① 刘琼莲从权力和价值的两重维度论证集体林权制度改革。"在集体林权制度改革中应当尝试实现双向度的权力行使方式。一方面，政府对林农进行引导与提供相应的服务；另一方面，林农有自主决策的权力，同时，有对行使权力的政府部门进行监督的权力。"② "集体林权制度改革要追求的目标是实现生态效益、经济效益与社会效益三者共赢，因此，在改革中自始至终都必须坚持行政权力要维护公共利益的准则。"③

集体林权法律制度改革研究不足之处如下：其一，鲜有法学学者对集体林权制度改革进行深入而系统的实证研究，主持集体林权制度改革的国家社科项目的法学学者很少，从事集体林权制度改革实证研究和主持集体林权制度改革的国家社科项目的主力军是农村经济学学者、农村社会学学者和政治学学者。其二，集体林权制度改革的研究方法存在局限性。主要运用数量分析法、社会统计法、政治学及法律价值等方法，法人类学方法、文献资料分析法、法社会学方法及规范分析法等方法被忽略了。其三，集体林权制度改革的某些内容未研究。如集体林权制度改革政策与集体林权法律原则、集体林权法律规则、民族文化及乡土司法等事物的冲突与协调。

（四）贵州集体林权制度改革研究现状述评

由于贵州集体林权制度改革具有"地方性、民族性及实证性"等特点，所以国外和省外鲜有学者对贵州集体林权制度改革中存在的法律问题进行研究。省内的一些学者和研究机构对贵州集体林权制度改革试点区的集体林权制度改革的现状及其存在的问题作了田野调查，取得了一些有价值的成果，对"贵州集体林权制度改革"的某些方面作了一些研究。例如，贵州警官学院的林苇教授从物权法理论的视角对贵州集体林权制度改革所存在的一些困难及其对策作了一些探讨，黔东南州州委政策研究室课题组从林权管理、税费等方面对"锦屏县集体林权制度改革"作了个案

---

① 刘杰：《初始林权分配的公正原则研究——新集体林权制度改革政策分析》，《财经问题研究》2012 年第 4 期。

② 刘琼莲：《论集体林权制度改革中的权力机制》，《湖北民族学院学报（哲社版）》2007 年第 3 期。

③ 同上。

调研，六枝特区区委办公室从林权制度改革的实施方案、资金、人员、档案等方面作了调研，从江县林业局覃爱昶对从江县集体林地和林木的确权发证及其发生的纠纷的现状、存在的问题和对策作了粗线条的探讨，贵州省天然林保护工程管理中心潘乐明主要论述了贵州集体林权制度改革的意义，从行政管理的视角归纳了贵州集体林权制度改革的一些经验，贵州省丹寨县林业局王泽智对丹寨县集体林权制度改革的现状、存在的问题及对策进行了论述，省委政策研究室课题组对贵州省地方生态林补偿机制的现状、存在的问题作了调研，也提出了一些相应的对策，贵州大学管理学院的樊友亮、宋山梅对锦屏县集体林权制度改革的现状、存在的问题进行了调研，国家林业局中南林业规划设计院的张罗恩、韩如水和遵义县林业局的程建华对余庆县的集体林权制度进行了跟踪研究。

　　以上学者和研究人员主要是从经济学、政治学和社会学等视角研究贵州省某县（市）林权制度改革或贵州省集体林权制度改革的某方面进行了研究，他们运用田野调查法、数理统计法、分析法、归纳法及演绎法等研究方法。但是，这些学者和研究人员没有对诸多贵州集体林权制度改革的农村社区进行对比研究，更没有从法律的视角系统深入研究贵州集体林权制度改革。既没有对我国集体林权制度改革的法律精神进行探讨，又没有运用法学方法系统研究贵州集体林权制度改革中所存在的法律问题，更没有从司法实践的层面对贵州集体林权制度改革中所存在的法律问题之解决进行深入而系统地研究，同时，对贵州集体林权制度改革政策的缺陷和完善缺乏系统研究。

第一章

林权基本理论

第一节　林权概念和产权概念

一　林地的概念和价值

（一）土地的概念

所谓土地是指人类生活、生产及科研的空间。随着科技的发展，土地的外延不断扩展。到了现代社会，太空也成为人类生产和科研的空间，月球也成为了人类科研的空间。就目前而言，广义的"土地"包括陆地、海域、太空及月球；狭义的"土地"包括陆地、海域和太空。从应然层面看，法律意义上的"土地"包括陆地、海域和太空。通常所指的法律意义上"土地"仅指陆地，其依据乃是根据《土地管理法》、《土地管理实施细则》、《土地管理实施条例》、《物权法》、《农村土地承包法》、《森林法》、《草原法》及《矿产资源法》等法律的规定。《土地管理法》第4条规定："国家编制土地利用总体规划，规定土地用途，将土地分为农用地、建设用地和未利用地。前款所称农用地是指直接用于农业生产的土地，包括耕地、林地、草地、农田水利用地、养殖水面等；建设用地是指建造建筑物、构筑物的土地，包括城乡住宅和公共设施用地、工矿用地、交通水利设施用地、旅游用地、军事设施用地等；未利用地是指农用地和建设用地以外的土地。"《农村土地承包法》第2条规定："本法所指农村土地是指农民集体和国家所有依法由农民集体使用的耕地、林地、草地，以及其他依法用于农业的土地。"

（二）林地的概念和价值

1. 林地的概念

《森林法》、《农村土地承包法》、《农村土地承包法》及《物权法》

等法律都没有明确界定"林地"这一概念。《新华字典》和《金山词霸》对林地的概念作了解释:"木本植物覆盖的土地"①,"成片的天然林、次生林和人工林覆盖的土地。包括用材林、经济林、薪炭林和防护林等各种林木的成林、幼林和苗圃等所占用的土地,不包括农业生产中的果园、桑园和茶园等的占地"。②《新华字典》对林地的解释属于"限缩解释",也与自然现象不符。自然状态下,木本植物与草本植物和平共处,有些土地上木本植物多,而草本植物少;有些土地上木本植物少,而草本植物多。《金山词霸》所界定的林地仅是林木的土地,而森林的土地被排除在外。

顾名思义和化繁为简是诠释概念的两种方法。在此,不妨运用这两种方法分析"林地"这一概念。"林地"可以分解为"林"和"地","地"是指土地,土地的含义是陆地。笔者认为,"林"是指林木和森林。把"林"和"地"连接在一起的"林地"的含义是为林木和森林提供肥力的陆地。概念来源于生活,应该尽可能反映真实的生活,人们生活中的"林地"就是有林木和森林的土地。其依据是生活常识的判断,笔者身边的亲朋好友对"林地"的认识也是生活常识。笔者既有农村的成长经历,又有城市生活的体验。

2. 林地的价值

林地是土地的下位概念,林地除了具有土地的价值外,还具有自身突出的价值。根据土地的属性与人性内在关联性,土地具有生存价值、生态价值和发展价值。土地价值是林地价值、耕地价值及其他土地价值总和,是林地价值、耕地价值及其他土地价值的高度概括。因此,林地也具有生存价值、生态价值和发展价值。在现代中国,林地与耕地对照,③ 林地的生态价值突出,耕地的生存价值突出,换而言之,生态价值是林地的主要价值,生存价值是耕地的主要价值。林地价值也是随着社会变化而变化的。在原始社会,生活在森林中的部落,林地的生存价值为"显性",这些原始人以森林中天然的动植物为生。人少林地多,林地的生态价值为"隐性"。自给自足的自然经济社会,人类繁殖力增强,人口增多,人口

---

① 《新华字典》(第10版),商务印书馆2004年版。

② 《金山词霸》[DB/OL] http://www.iciba.com。

③ 林地作为整体,耕地也作为整体,两者比较而言。当然,局部地区,林地具有很强的生存价值,耕地也具有一定的生态价值,如有些地方所开发的农业生态园。"靠山吃山,靠水吃水"俗语所蕴含的生存法则在自然经济中具有普遍性。

与林地的矛盾逐渐突出，林地生态价值开始为"显性"，林地的生存价值仍然占主流。工业化的市场经济社会，经济的发展是以林地的减少为"牺牲品"，一部分林地转化为耕地和非农业用地，二氧化碳、一氧化碳及其他废弃的排放、剧增是空气污染的根本原因，林地的生态价值让人类特别关注。各国和国际社会开始通过各种手段和方法保护和开发林地，开始转化以林地为主的农民生存方式，开始推动循环经济和生态经济。另外，林地的价值是由林木和森林的价值所决定的。

二　林木的概念和价值

（一）林木的概念

杜国明对林木的概念作了研究，他认为，林木就是树木和竹子，他的观点是以《森林法》的规定为论据。"现有立法不仅调整已成林的树木或竹子，而且调整未成林甚至孤立的树木或竹子；既规范了林业用地上的林木，也规范了非林业用地上的林木。换句话说，所有的树木或竹子都是《森林法》的调整对象。"① 《森林法》第 27 条规定："国有企业事业单位、机关、团体、部队营造的林木，由营造单位经营并按照国家规定支配林木收益。集体所有制单位营造的林木，归该单位所有。农村居民在房前屋后、自留地、自留山种植的林木，归个人所有。城镇居民和职工在自有房屋的庭院内种植的林木，归个人所有。"在笔者看来，林木是指达到一定经济价值的木本植物。它包含两层含义：一层含义是指从生物学的维度看，林木本质属性是木本植物；另一层含义是指从经济学的维度看，林木具有经济价值。

（二）林木的价值

林地价值是由林木价值和森林价值所决定，林地价值是林木价值和森林价值的形式，林木价值和森林价值是林地价值的内容。所以说林木与林地一样，具有生存价值、生态价值和发展价值。与农作物（在耕地上所生产的作物）比照，林木的生态价值鲜明，商品林和公益林的划分的主要根据是林木的生态价值。公益林的主要目的是维护生态环境，其实，商品林也具有很强的生态价值，所以对于商品林的砍伐规制比较严格。植树造林是防止水土流失、沙漠化和石漠化的根本方法。除了生存价值、生态价值

---

① 杜国明：《森林法基本概念重构》，《河北法学》2012 年第 8 期。

和发展价值之外，林木还有文化价值。例如，有些少数民族崇拜林木，把有些林木视为"神"。贵州的一些民族地区的苗族、布依族、侗族及仡佬族等少数民族都有崇拜"神树"或"神竹子"的历史传统。

三 森林的概念和价值

（一）森林的概念

《辞海》、《新华字典》、《全英大百科全书》、韩德培主编的《环境保护法教程》和曹明德、黄锡生主编的《环境资源法》对森林的概念作了归纳或诠释，杜国明综述了森林概念的诸多界定。"在《新华字典》中将其定义为大片生长的树木。此种涵义的外延太窄，把森林等同于树木，其实，森林不仅包括木本植物，还包括草本植物。《辞海》将森林界定为：或疏或密相互连接的树木和其他木本植物占优势的植物群落与其他生物（包括微生物、动物、鸟类、昆虫等）及其环境构成的一个有机整体。此种涵义中的'环境'的涵义不确定。若'环境'包括'水、肥、气、热'及土地，则其涵义的外延太宽。《金山词霸》从技术标准角度将森林定义为：一个高度树木的区域，以树木为主体所组成的地表生物群落，土地面积大于等于 $0.667hm^2$（1 亩），郁闭度大于等于 0.2，就地生长高度达到 2m（含 2 行）以上且行距小于等于 4m 或冠幅投影宽度在 10m 以上的林带。"[1] "森林是指由比较密集生长在一起的乔木及其他木本植物占优势的植物群落。"[2] 此观点的所指森林涵义的外延太窄，野生动物和微生物被排除在外。"从生态学观点看，森林是指在一定范围内以植物为主体的一个生态群落，包括树木、林地以及栖息于其中的动物、微生物等。"[3] 此观点所指涵义的外延太宽，它包括了林地。"《全英大百科全书》中将森林的定义为：一个在 5000—8000 公顷宽的区域能够自给自足的完整的生态系统。"[4] 此观点揭示森林的部分特征，但是所指定的宽度是否科学呢？是具有普适性呢？"鉴此，森林在广义上可界定为：陆地上的树木和其他生物在一起，按照一定的方式和秩序，与周围的非生物环境有机结合在一

---

① 杜国明：《森林法基本概念重构》，《河北法学》2012 年第 8 期。

② 韩德培：《环境保护法教程》（第四版），法律出版社 2003 年版，第 135 页。

③ 曹明德、黄锡生：《环境资源法》，中信出版社 2004 年版，第 249 页。

④ 杜国明：《森林法基本概念重构》，《河北法学》2012 年第 8 期。

起，共同发生着多种功能的生态系统。上述森林定义的共同点是：森林不仅仅由林木组成，而是由土地、植物、动物组成的整体。"① "综上，与域外立法有所不同，我国立法中的森林涵义范围有四个层次。最小的涵义：森林仅指乔木林；第二小的涵义：森林是一类特殊的林木，区别于一般林木；第三种涵义：森林包括所有林木，但不包括林地；第四种涵义：森林就是森林资源，包括森林本身、野生动物、野生植物和野生微生物等。第三种涵义与第四种涵义有交集，但第三种涵义中未成林的林木不属于第四种涵义，而第四种涵义中包括森林所在的林地，第三种涵义却不包括林地。"② 杜国明认为，"林地林木"取代森林，继续保持通常意义上的"森林"涵义。"继续保持通常意义上的'森林'涵义，而以'林地林木'取而代之，《森林法》也更名为《林地林木法》。"③ 杜国明的观点与中国的林地、林木和森林方面的立法现状相左。《森林法》第 2 条规定："在中华人民共和国领域内从事森林、林木的培育种植、采伐利用和森林、林木、林地的经营管理活动，都必须遵守本法。"

由于对森林概念的界定存在诸多争议，所以本文试图在吸收以上对森林概念界定的基础上，从概念的内涵和外延两个层面分析和提炼森林的概念。首先，分析森林的外延。森林包括哪些物呢？从事实维度看，森林包括植物、野生动物及微生物、土地。土地与植物、野生动物及微生物密不可分，它们共同形成了一个自给自足的生态系统，这个生态就是森林。然而，从法律维度看，森林并没有包括土地。我国对森林和土地进行分开立法，《土地管理法》和《农村土地承包法》对于土地的权利主体、内容及登记等方面作了规定，《森林法》对森林的权利主体、内容及其他方面作了规定。《土地管理法》第 8 条规定："城市市区的土地属于国家所有。农村和城市郊区的土地，除由法律规定属于国家所有的以外，属于农民集体所有；宅基地和自留地、自留山，属于农民集体所有。"《土地管理法》第 9 条规定："国有土地和农民集体所有的土地，可以依法确定给单位或者个人使用。使用土地的单位和个人，有保护、管理和合理利用土地的义务。"《土地管理法》第 11 条规定："农民集体所有的土地，由县级人民

① 杜国明：《森林法基本概念重构》，《河北法学》2012 年第 8 期。

② 同上。

③ 同上。

政府登记造册，核发证书，确认所有权。农民集体所有的土地依法用于非农业建设的，由县级人民政府登记造册，核发证书，确认建设用地使用权。单位和个人依法使用的国有土地，由县级以上人民政府登记造册，核发证书，确认使用权；其中，中央国家机关使用的国有土地的具体登记发证机关，由国务院确定。确认林地、草原的所有权或者使用权，确认水面、滩涂的养殖使用权，分别依照《中华人民共和国森林法》、《中华人民共和国草原法》和《中华人民共和国渔业法》的有关规定办理。"《农村土地承包法》第 2 条规定："本法所称农村土地，是指农民集体所有和国家所有依法由农民集体使用的耕地、林地、草地，以及其他依法用于农业的土地。"《农村土地承包法》第 12 条规定："农民集体所有的土地依法属于村农民集体所有的，由村集体经济组织或者村民委员会发包；已经分别属于村内两个以上农村集体经济组织的农民集体所有的，由村内各该农村集体经济组织或者村民小组发包。村集体经济组织或者村民委员会发包的，不得改变村内各集体经济组织农民集体所有的土地的所有权。国家所有依法由农民集体使用的农村土地，由使用该土地的农民集体经济组织、村民委员会或者村民小组发包。"纵观我国有关土地立法理念，是采取两元模式，即土地权利与其上面的物权分离。例如，城镇的土地属于国家所有，而土地的建筑物的所有权的主体多元化，既有个人所有，又有集体组织所有和国家所有，甚至还有外国人所有。农村土地的所有权主体是集体组织和国家，而农村土地的用益物权的主体呈多元化的特征，农村土地上物权主体也是诸多。在法律领域，森林是一个法律概念，所以森林不应该包括森林所覆盖的土地。另外，若把森林所覆盖的土地包含在森林系统中，这势必造成几个不利的后果。其一，将导致我国土地立法的理念相互矛盾，自然而言，也将有可能导致司法实践工作中对土地方面案件处理的混乱，同时，将增加司法成本，因为司法人员要熟悉两套不同的土地方面立法模式。其二，将引起林地与森林之间的关系混乱。如果森林包括森林所覆盖的土地，那么就意味着森林与土地的关系是主从关系，森林是主物，而森林所覆盖的土地是从物，森林所覆盖的土地就是"林地"，事实上，林地是主物，森林是从物，因为林地没有森林和林木也能够独立存在，反之，森林则不能够独立存在。

作为一个法律概念，森林具有自身的主要特征。森林与农作物相比，它具有生态性和系统性。"法律概念的形成方法，最重要的就是在于对事物的所有特征穷尽后，舍弃不重要特征，而抓住其中的法律特征。"① 综合森林的外延和主要特征，可以给森林作如下界定，所谓森林是指由植物群落、野生动物及微生物等因子构成的生态系统。

（二）森林的价值

森林除了具有林木的价值之外，森林还具有很强的科研价值，一方面，森林是生物学家、林业学家、农业科学家及环保学家研究的重要对象，它为科学家的研究提供丰富材料，尤其原始森林的科研价值更大。《森林法》第 6 条规定："国家鼓励林业科学研究，推广林业先进技术，提高林业科学技术水平。" 与林木的价值相比，森林的生态价值更大，它对气候的调节和空气的净化起到了极为重要的作用。另外，森林在旅游业方面也具有重要的作用，实质上观光旅游主要是观看自然风光，森林是自然界中重要的自然风光，所以从此意义上说，森林具有一定的经济价值，其经济价值的获得者主要是政府和旅游服务业的个人和企业，因此，森林具有很强的生态价值和发展价值。另外，森林的文化价值大。许多少数民族的精神生活与森林有千丝万缕的关系。"苗族村寨的'鼓山林'（苗族鼓社公有的山林），须由鼓社按规定砍伐。一般'鼓山林'不准砍伐，鼓社节时，才能砍伐少许林木，为制作新鼓和过节之用。村寨敬奉的古树和风景林（护寨神林），大家以神树供祭，若有亵渎或砍伐，加重处罚，决不轻饶。"② "情歌包括玩山歌、山歌、坐月歌等。侗乡林木葱翠、气候宜人，侗寨依山傍水、风景秀丽、碧水环绕、榕树挺立、鸟语花香，这种自然的和声必然会形成他们本能无意识的模拟对象。侗族的信仰主要有这样几个成分：一是自然崇拜。他们认为万物有灵，灵魂不灭，生命因果轮回。江河湖海、森林、桥梁等不可亵渎，否则就会遭到惩罚。"③

四　森林资源的概念

"通常认为，森林资源是森林与资源概念的有机叠加。《辞海》将其界定为：林木、竹子和其他林产品蕴藏的总称。广义的森林资源包括林区

---

① 陈金钊：《法律解释的哲理》，山东人民出版社 1999 年版，第 264 页。

② 徐晓光：《清水江流域林业经济法制的历史回溯》，贵州人民出版社 2006 年版，第136 页。

③ 吴大华等：《侗族习惯法研究》，北京大学出版社 2012 年版，第 182—191 页。

内各类土地以及这些土地上的全部生物资源和非生物资源。《金山词霸》中指出：森林资源是林地及其所生长的森林有机体的总称。这里以林木资源为主，还包括林种和林下植物、野生动物、土壤微生物及其他转让环境因子等资源。日本《林业百科事典》将森林资源解释为：森林资源和土地、地下资源、水产资源、水资源等属于天然资源。森林资源不同于这些天然资源的特征有三条：第一，……森林资源可以通过适当管理达到永续利用，是一种可以再生的资源；第二，……自然力在再生产中作用很大，生长时间长达几十年或者更长时间；第三，反映在森林资源的效用上，森林作为林产资源，可以直接利用其林产品。"① "森林资源在外延上涵盖了森林、林木、林地，是三者的上位概念。"②《森林法》中多处提到了"森林资源"，但是没有解释"森林资源"的含义，没有界定它的外延，《森林法实施条例》解释了森林资源的含义。《森林法》第2条规定："森林资源属于国家所有，由法律规定属于集体所有的除外。"《森林法》第13条规定："各级林业主管部门依照本法规定，对森林资源的保护、利用、更新，实行管理和监督。"《森林法》第14条规定："各级林业主管部门负责组织森林资源清查，建立资源档案制度，掌握资源变化情况。"《森林法实施条例》第2条规定："森林资源，包括森林、林木、林地以及依托森林、林木、林地生存的野生动物、植物和微生物。森林，包括乔木林和竹林。林木，包括树木和竹子。林地，包括郁闭度0.2以上的乔木林地以及竹林地、灌木林地、疏林地、采伐迹地、火烧迹地、未成林造林地、苗圃地和县级以上人民政府规划的宜林地。"

以上观点实际上是广义的森林，森林资源包括了狭义的森林、林地和林木。森林资源是经济学上的一个概念，是否有必要引入法律领域呢？若强行移植到法律领域会不会存在一些弊端呢？这应该需要从理论上加以研究，我们不可在对其研究之前，就一味地把其他学科的概念移植到法律领域。首先，谈谈森林资源引入法律领域的必要性。法律领域是否需要"森林资源"这个概念呢？根据"需求原理"，法律需要"森林资源"这个概念，法律才引进它。法律是否需要"森林资源"这个概念呢？未见有学者对其论证。在现有法律体系中，《森林法》、《农村土地承包法》及《土

---

① 杜国明：《森林法基本概念重构》，《河北法学》2012年第8期。

② 林旭霞、张冬梅：《林权的法律构造》，《政法论坛》2008年第3期。

地管理法》等法律对森林、林木和林地的权利、开发和保护等方面作了规定。《森林法》第3条第2款规定："国家所有的和集体所有的森林、林木和林地，个人所有的林木和使用的林地，由县级以上地方人民政府登记造册，发放证书，确认所有权或者使用权。国务院可以授权国务院林业主管部门，对国务院确定的国家所有的重点林区的森林、林木和林地登记造册，发放证书，并通知有关地方人民政府。"法律概念的设定目的是为了有效地把权利（权力）和义务类型化和系统化，为了更好地实现权利（权力）和履行义务，为了更好地承担法律责任，为了立法和司法的实效和便利。把"森林资源"移植到法律领域，能否达到法律概念设定的目的呢？在没有理性地回答这些问题之前，其必要性令人怀疑。若把"森林资源"移植到法律领域，则势必将引起一些问题。其一，森林资源与土地资源的关系难以处理。林地是土地资源，《土地管理法》和《农村土地承包法》已经对林地的权利内容、开发和保护作了相应的规定。而森林资源包括林地，这意味着林地既属于森林资源，又属于农村土地。另外，我国对土地和土地上物的立法模式是二元模式。其二，增加立法成本和司法成本。现行法律中没有"森林资源"这个概念，若把其纳入法律领域，则需要在相应法律中明确规定，需要司法人员熟悉它。其三，农民容易混淆"森林资源"与"森林"两者的关系。良法中法律专业术语应该让农民容易理解，农民是"三林"（森林、林地和林木）开发和利用的最直接的主体。《法国民法典》深受世人喜爱，其中一个原因是它的语言通俗易懂。其四，导致"森林资源"的"引申义"与"本义"相去甚远，这与语义解释的原理相左。"森林资源"由"森林"和"资源"两个词构成，"森林"是修饰词，"资源"是中心词，"资源"的本义是生产资料或生活资料的天然来源。"森林资源"的本义是指生产资料或生活资料来源于森林，或者是指用于生产资料或生活资料的森林。而《森林法实施条例》把"森林资源"引申为"涵括了森林、林木、林地以及依托森林、林木、林地生存的野生动物、植物和微生物。"这是《森林法实施条例》的一个缺陷。

五　林地、林木与森林的关系

林地、林木及森林的关系包括两层含义：一层含义是林地、林木及森林三者之间的区别；另一层含义是林地、林木及森林三者之间的联系。林地、林木及森林的关系包括三对关系，即林地与林木的关系、林地与森林的关系及林木与森林的关系。首先，谈谈林地与林木的关系；然后，探讨林地与森林的关系；最后分析林木与森林的关系。

不管是从自然科学的维度看，还是从法律的维度看，林地与林木两者的区别显而易见，其联系是紧密的。林地是土壤学范畴，是无机物，林木是植物学范畴，是有机物；林地是不动产，林木是动产。林地与林木之间的联系为"母子关系"，相依为命，林地是林木的基础，没有林地，就不可能有林木；没有林木，林地也会流失，"退耕还林"工程的目的是维护和加强林地和林木的联系。在法律领域，林地和林木都是物，都是财产；林地是主物，林木是从物，没有林木，林地能够独立存在，没有林地，林木不能独立存在。法律在规定权利主体、内容及登记等方面，是采用"林地和林木分离"的模式。《物权法》第44条规定："所有权人有权在自己的不动产或者动产上设立用益物权和担保物权。用益物权人、担保物权人行使权利，不得损害担保权人的权益。"《物权法》第58条规定："集体所有的不动产和动产包括：（一）法律规定属于集体所有的土地和森林、山岭、草地、荒地、滩涂。"

林地和森林的关系极为复杂。不管是事实层面，还是法律层面，它们的区别显而易见，无需探讨。之所以说它们的关系极为复杂，是因为对它们的联系存在不同观点。有些学者认为，森林包括了其所覆盖的土地"林地"，如高利红、曹明德及黄锡生等学者认为森林包含了林地。而有些学者和笔者认为，森林并不包括林地。

从事实层面看，森林和林木之间的关系是包含和被包含关系，是种属关系。从法律层面看，一般情况下，森林和林木之间的关系是包含和被包含关系，是种属关系。特定情况下，森林与林木之间的关系是并列关系。所以在立法界，对林木和森林的开发和保护的规制形式是《森林法》。林地与森林的区别没有林地与林木的区别那么明显。例如，森林是一个集合概念，它包括了植物、动物、微生物。在法律领域，林地和森林都是物、财产和不动产。森林是集合财产。

在法律领域，林地、林木和森林都是物，都是特定物。林地是林木和森林由一般物转化为特定物的基础和前提条件。此判断包括两层含义：一层含义是没有林地，就没有林木和森林；另一层含义是林地特定化以后，林木和森林才特定了。"《意见》仅要求将林木所有权落实到农户，而未要求将森林所有权落实到农户，但解读其含意，其'林木'所有权应当包括'森林所有权之内'。"①

六　林权的概念

林权就是林地权、林木权（对林木所享有的权利）及森林权（对森林所享有的权利）等物权的提炼和抽象。对于林权的概念，存在诸多不同的观点，其观点的主要分歧是对林权客体和权利的内涵的界定不同。魏华、韦惠兰、陈海云、任晓冬、刘宏明和金瑞林、吕祥熙及沈文星等学者认为，林权的客体是森林、林木和林地。"所谓的'林权'是指森林、林木和林地的所有权或使用权。"② 魏华的观点的缺陷是林权的权利内涵太窄。一方面，除林地、林木及森林的使用权之外，其他的用益物权被排除在外，如林地、林木及森林的承包经营权和担保权；另一方面，按照他的观点，林权的内容不确定，林权有可能包括林地、林木及森林的所有权，也有可能包括林地、林木及森林的使用权，甚至也可能包括林地的所有权或使用权，或林木的所有权或使用权，或森林的所有权或使用权。"林权是指权利主体对森林、林木、林地的所有权、使用权、收益权、处置权等。"③ 此观点所采用的方法是列举法，其存在的缺陷有二：其一是列举的权利的类型不周延，担保权及林地、林木和森林的承包经营权没有列举；其二是权利类型与我国现有物权概念和分类理论相矛盾。权能是我国物权分类理论中的一个重要概念，以所有权主体为逻辑起点对物权分类，把物权分为所有权和他物权，他物权又分为用益物权和担保物权，对所有权和用益物权的界定时，运用不同"权能"加以解释所有权和用益物权的概念。"梅仲协民法要义第369页：物权者，支配物之权利。""姚瑞光著的民法物权论第1页：物权者，直接支配特定物，而享受其利益之权利。"④ "张龙文著的民法物权第9页：物

---

① 张平：《我国集体林权产权制度改革的适法性分析》，《河北法学》2009年第12期。
② 魏华：《林权概念的界定——森林法抑或物权法的视角》，《福建农林大学学报》2011年第1期。
③ 韦惠兰、陈海云、任晓冬：《中国林权改革的回归和思考》，《中国林业经济》2007年第4期。
④ 梁慧星：《中国物权法研究》（上），法律出版社1998年版，第18页。

权者，直接支配其物，而具有排他性权利。"① "郑玉波著的民法物权第11页：物权，直接支配其标的物，而享受其利益且具有排他性的权利。"② "用益物权是指权利人对他人所有物享有的，以使用、收益为目的的物权，它具有以下一些特征：是他物权，是限制物权，是以利用物的使用价值为目的的他物权，一般以实施对标的物的占有为实现条件。"③ "用益物权，谓以物之使用收益为标的之他物权，即系就物之实体，利用其物，以其使用价值之取得为目的之权利。地上权、永佃权、地役权、耕作权等均属之。"④ 尽管传统物权分类理论存在一些缺陷，但是至今仍然没有一种更好的理论能够替代它，另外，传统物权概念和分类理论已深入立法体系和司法实践中。"林权是指国家、集体、自然人、法人或者其他组织对森林、林木和林地依法享有的占有、使用、收益或者处分的权利，包括森林、林木、林地的所有权，森林、林木和林地使用权与林地承包经营权等财产性权利。"⑤ 刘宏明的观点存在以下几个问题。其一，对林权概念的表述不精练。其二，对林权的归纳不周延。如森林和林木的承包经营权及林地、林木和森林的担保权被排除在外。其三，与我国物权分类理论相左。混淆了所有权概念和物权概念。"林权，又称森林所有权，是指森林法律关系的主体对森林、林木或者林地的占有、使用、收益和处分的权利。"⑥ 金瑞林的观点存在以下两个问题。其一，混乱了森林与林木和林地的关系，认为森林包括林地和林木。其二，林权的内容不周延，森林、林地及林木的用益物权和担保物权都被排除在外。"林权是源于森林资源所有权的一种他物权形式，是森林资源非所有权依法取得的，对森林资源享有的用益物权。林权和土地承包经营权的差异。林权的客体具有生态性和社会性。土地承包经营权针对的是'地'，而林权调整的是'林'——森林资源。"⑦ "林权是私权，

---

① 梁慧星：《中国物权法研究》（上），法律出版社1998年版，第17页。

② 同上。

③ 梁慧星：《中国物权法研究》（下），法律出版社1998年版，第582页。

④ 李双元、温世扬：《比较民法学》，武汉大学出版社1998年版，第82页。

⑤ 刘宏明：《我国林权若干法律问题研究》，《北京林业大学学报》2004年第4期。

⑥ 金瑞林：《环境与资源保护法学》，北京大学出版社2006年版，第357页。

⑦ 吕祥熙、沈文星：《林权主体及林权的物权属性分析》，《南京林业大学学报》（自然科学版）2010年第1期。

但较多地受公权力的限制。林地承包经营权仅是林地使用权的一种典型表现形式。"① 吕祥熙、沈文星的观点存在以下几个问题。其一，林权的内容不周延。把森林、林地及林木的所有权和担保物权排除在林权内容之外。其二，误解了林权和土地承包经营权的关系。林权与土地承包经营权存在交叉关系，如土地承包经营权包括了林地承包经营权。《农村土地承包法》第 2 条规定："本法所称农村土地，是指农民集体所有和国家所有依法由农民集体使用的耕地、林地、草地，以及其他依法用于农业的土地。"《农村土地承包法》第 5 条规定："农村集体经济组织成员有权依法承包由本集体经济组织发包的农村土地。任何组织和个人不得剥夺和非法限制农村集体经济组织成员承包土地的权利。"《农村土地承包法》第 16 条规定："承包方享有下列权利：（一）依法享有承包地使用、收益和土地承包经营权流转的权利，有权自主组织生产经营和处置产品；（二）承包地被依法征收、征用、占用的，有权依法获得相应的补偿；（三）法律、行政法规规定的其他权利。"其三，混淆森林与林地和林木的关系，误认为森林包括了林地和林木。其四，混淆了林地承包经营权与林地使用权的关系。林地承包经营权实质上包括了林地使用权，土地承包经营权包括了林地承包经营权，在我国物权立法、物权理论界及司法实践中习惯把林地承包经营权称为土地承包经营权。"当前各地的林权制度改革方案及相关文件中使用的'林权'以及人们惯用的'林权'一词，应理解为林木的所有权才能涵盖林木的占有、使用、收益和处分权，基于所有权才有对林木的流转权和抵押权，可以说林农从林权制度改革中获得对林木的各种权利均来源于林木的所有权。"② 李延荣的观点存在以下几个问题。其一，林权的客体范围太窄。林地和森林未包含在内。其二，对林木所有权与林木用益物权的关系存在误解。林木用益物权对林木也享有占有、使用、收益及处分的权利。"林权不是指森林资源的所有权或使用权，林权不包括森林所有权和使用权，林权是指林地所有权、林地使用权和林木所有权。"③ 胡玉良的观点存在以下几个问题。其一，林权的客体范围太窄。

---

① 吕祥熙、沈文星：《林权主体及林权的物权属性分析》，《南京林业大学学报》（自然科学版）2010 年第 1 期。

② 参见李延荣《浅论林权制度改革中"林权"》，载《法学杂志》2009 年第 1 期。转载胡玉良：《集体林权法律制度研究》，法律出版社 2012 年版，第 12 页。

③ 胡玉良：《集体林权法律制度研究》，法律出版社 2012 年版，第 12—17 页。

森林被排除在林权客体之外。其二，林权的内容不周延。森林、林地及林木的有些用益物权被排除在外，如林木的承包经营权、担保物权、林地的担保物权都没有包含在内。

林权概念的界定的考量因素有二：林权的客体和主要特征。林权的客体应该是林地、森林和林木。其理由如下。第一，根据法治理论，林权的客体应该是林地、森林和林木。良法是法治的前提条件，即没有良法，不可能实现真正的法治。技术性和伦理性是良法的必要条件。技术性就是要遵循林地、森林和林木三者之间内在关联性，它们三者之间存在特定的内在关联性。即林地是森林和林木存在的基础，森林和林木是林地上的物，林木是森林的因子，一定量的林木、野生动物及微生物组合成森林。伦理性就是价值判断。林地、森林和林木具有共同价值，如生态价值，价值的共性是权利类型化的一个指标。第二，有关法规确定了林权的客体范围，即林权的客体包括林地、森林和林木。《森林法》第 15 条："下列森林、林木、林地使用权可以依法转让，也可以依法作价入股或者作为合资、合作造林、经营林木的出资、合作条件，但不得将林地改为非林地：（一）用材林、经济林、薪炭林；（二）用材林、经济林、薪炭林的林地使用权；（三）用材林、经济林、薪炭林的采伐迹地、火烧迹地的林地使用权；（四）国务院规定的其他森林、林木和其他林地使用权。"《森林法实施条例》第 2 条规定："森林资源，包括森林、林木、林地以及依托森林、林木、林地生存的野生动物、植物和微生物。森林，包括乔木林和竹林。林木，包括树木和竹子。林地，包括郁闭度 0.2 以上的乔木林地以及竹林地、灌木林地、疏林地、采伐迹地、火烧迹地、未成林造林地、苗圃地和县级以上人民政府规划的宜林地。"第三，在集体林权制度改革政策及其实施中，明确规定了林权的客体范围，林权的客体包括了林地、林木及森林。《中共中央国务院关于全面推进集体林权制度改革的意见》第 3 条第 8 款规定："明晰产权。在坚持集体林地所有权不变的前提下，依法将林地承包经营权和林木所有权，通过家庭承包方式落实到本集体经济组织的农户，确立农民作为林地承包经营权人的主体地位。对不宜实行家庭承包经营的林地，依法经本集体经济组织成员同意，可以通过均股、均利等其他方式落实产权。村集体经济组织可保留少量的集体林地，由本集体经济组织依法实行民主经营管理。自然保护区、森林公园、风景名胜区、河道湖泊等管理机构和国有林（农）场、垦殖场等单位经营管理的集体林地、林木，要明晰权属关系，依法维护经营管理区的稳定和林权权利人的合法权益。""林权是指森林、林木的所有权或使用权和林地的使用权。确权发证后，林权证是确认森林、林木和林地所有权或者使用权的法律凭证，也是林地使用权和林木所有权及使用权流转经营的法律依据。申办林木采伐许可证必须凭林权证。可以凭林权证抵押、担保、贷款、保险。"① 《贵州省集体林权制度改革确权发证办法》第 1 条规定："县级人民政府是行政管辖范围内国有林地使用权、集体林地所有权，以及依法取得国有、集体林地使用权和该林地上林木所有权、使用权的登记造册、确权发证机关。其具体事务由县级林业行政主管部门办理。"

　　林权是林地、林木及森林等物的权利的总称，它应该高度提炼林地、林木及森林等物的权利的共性。"苟在塔顶得有一个最为一般的概念将其他一切种类之概念涵摄其下，则可以自塔底任何一点出发，经由一连串之中间体，利用舍弃个别的特征，向上爬升至塔顶。逻辑体系的理想与焉告成。"② 森林、林地和林木具有许多共性，其中几点共性是：1. 是不动产。2. 权利主体多元，呈开放状态。3. 生态性、经济性及文化性。4. 福利性、社会性和公益性。根据对法律概念界定的方法，可以对某些特征省略，保留主要特征。结合林权的外延和主要特征，可以对林权的概念作如下界定：林权是指对森林、林木及林地等不动产所享有的权利。

七　产权的概念

　　"根据《牛津法律大辞典》的解释，产权应包括占有权、使用权、出借权、转让权、用尽权、消费权和其他有关的权利。在罗马法中，产权被解释为所有权、侵犯权、收益权、使用权、他人资产权和典当权等几种权利的集合。张五常、德姆塞茨和林毅夫则提出私有产权包括使用权、收入享有权和自由转让权等 3 项权利。"③ "所谓产权，就是财产权利的简称，其性质是一种行为性权利，是指人们通过从财务采取一定行为，从而取得收益的权利。"④ 笔者认为，"产权"等同于"物权"。其理由如下。其

---

① 《镇宁县集体林权制度改革工作报告》，2010 年 10 月。

② 黄茂荣：《法学方法与现代民法》，中国政法大学出版社 2001 年版，第 461 页。

③ 贺东航、朱冬亮：《集体林权制度改革研究 30 年回顾》，《林业经济》2010 年第 5 期。

④ 张平：《我国集体林权产权制度改革的适法性分析》，《河北法学》2009 年第 12 期。

一，概念的含义具有进化性、地方性和前见性等特质。把"产权"等同于"财产权"，这使"产权"的含义具有进化性、地方性和前见性等特质。其二，作为制度经济学中的概念，"产权"要移植到法律领域，应为它找到法律领域相对应的概念。按照我国财产理论，"产权"的外延和主要特征与物权的外延和主要特征相同，所以"产权"就是我国财产理论中的物权。其三，与我国法律理论相吻合。我国民法理论和民法立法体系是从国外移植而来。民法中的财产理论主要是受前苏联和大陆法系国家的影响。而前苏联的财产法深受大陆法系财产理论的影响。进而言之，我国财产理论主要移植大陆法系财产理论，如《民法通则》的立法体系是：总则→物权→债法→其他权利；《物权法》的立法体系是：总则→所有权→用益物权→担保权→质权→留置权→占有。

第二节　林权的价值和性质

一　林权的价值

林权是一种不动产物权，与房屋权、建设用地使用权及宅基地使用权等不动产物权的价值不同，它具有很强的生态价值、社会价值和公益价值，这是由森林、林木和林地的自然属性和社会属性所决定的。它的生态价值、社会价值和公益价值的最终价值是它之于人生的幸福，生活在大山中少数民族身上表现尤为突出。其理论基础是易继明在《法学研究》上发表的论文《财产权的三维价值——论财产之于人生的幸福》。"财产不仅表达了一种'拥有'的幸福，或者是'获取之际'的快乐，而且也包括对财产'利用'而产生的某种幸福感。同时，在增进人类共同福祉的过程中，个体也获得了人生的快乐。从财产之于人生及社会进步的意义来看，个人与社会二者本来就没有绝对的分际。无论如何，通过财产权这一法律工具，我们发现了财产之于人们生活的意义。财产权的三维价值即拥有之乐，获取之乐，共同形成了财产的价值构造。这一构造也是财产给人们带来幸福的根源。"[①] "本文的研究有助于我们建立起财产的价值观，并从财产的德性角度理解财产权利、财产权力和财产能力这三个概念。拥有

① 易继明：《财产权的三维价值——论财产之于人生的幸福》，《法学研究》2011年第4期。

之乐，目的在于建立起财产权利的边界；获取之乐，乐在享有财产权利及其分泌的'荷尔蒙'；利用之乐，建立在财产能力之上。财产能力是一种知性的存在，它避免了以财产权利为前提的财产权力蜕变为一种简单的暴力。以财产能力为核心来理解财产权，财产权才能作为一种公共政策工具，在创造个体幸福的同时，也带来整体的共同福祉。"①

　　由于林权具有自身特有的价值，如生态价值、社会价值和文化价值，所以林权价值的实现有独特的实现路径，即它的实现路径呈"伞形"。从林权价值实现的主体的视角看，它的实现途径如下：1. 自我实现。自我实现林权价值是指林权价值的实现是林权主体的积极行为而为之，并不需要借助外界的力量。如某农户承包经营林地，某个人或某企业法人在厂房旁边植树造林，数年后砍伐厂房旁边的树木。2. 通过他人实现。通过他人实现是指借助他人的力量实现自己的林权。他人实现的途径又包括代理人实现途径、司法机构实现途径、行政机构实现途径、法人实现途径、自然人实现途径、其他组织实现途径。例如，无行为能力人和限制行为能力人由其法定监护人代理他们维护林木和林地承包经营权，政府给予公益林权人的补偿，法人、自然人及其他组织给予公益林权人的支助。从林权价值实现机制的视角看，它的实现途径如下：1. 自给自足机制。自给自足机制是指林权人在林地上植树造林及生产其他林业产品，林木和林业产品只是自己消费，只是绿化环境，只是作为精神寄托，而不是用来交换。2. 市场交易机制。市场交易机制是指林权人通过市场交易的方式获取经营管理森林、林地及林木方面的物质利益，如碳汇交易、生态文化旅游及乡村旅游等。3. 补偿机制。补偿机制是指公益林权人通过政府和林业生产经营及旅游企业补偿的方式获取经营管理公益林的物质利益。4. 慈善机制。慈善机制是指慈善组织给予公益林权人的支助。从林权实现的媒介（法律内在要素）看，它的实现途径如下：1. 法律政策。法律政策实现途径是指林权人依靠法律政策实现林权，如集体林权制度改革实质上是法律政策途径实现林权。2. 法律规则。法律规则实现途径是指林权人依靠法律规则实现林权。3. 法律原则。法律原则实现途径是指林权人依靠法律原则实现林权。

---

① 易继明：《财产权的三维价值——论财产之于人生的幸福》，《法学研究》2011 年第 4 期。

二　林权的性质

林权的性质就是林权的本质属性，就是林权是什么？比较是认识事物的一种重要方法，参照系是比较事物的关键环节，要认识林权的性质，就要找到林权的参照系，"就近原则"和"混淆原则"（所谓就近原则是指若甲与乙相隔最近，则选择甲为参照系，则选择甲为比较对象；所谓混淆原则就是跟"谁"容易混淆，就选择谁为参照系，就选择谁为比较对象。）是寻找林权的参照系的一个至关重要的原理。林权与哪种权利最近呢？林权跟哪种权利容易混淆呢？首先，寻找与林权相距最近的权利。如何判断林权与哪种权利最近呢？顺着财产权分类的思路寻觅。林权是物权中不动产权，它与草地权和农地权等不动产权相隔最近，虽然与草地权和农地权不容易混淆，只是林地权与农地权存在交叉关系，如林权包括了林地权，农地权也包括了林权。但是林权与"草地权"和农地权比照，林权具有自身的特质。从价值层面看，林权的生态价值更突出；从权利的限制的层面看，林权所受到的限制最多。综上所述，林权的性质是指具有较强生态价值并受严格限制的不动产权。

第三节　林权的类型化

一　林权类型化的必要性

一方面，林权是一束权利，它是诸多权利的集合，是许多具体权利的抽象，提炼林权概念的目的是为了从宏观维度把握森林、林地及林木方面的一系列权利，是为了从理论上完善和丰富我国物权法理论体系。当然，法律理论的意旨是为法律生活和司法实践服务，进而言之，是为了解决法律生活和司法实践问题，是为了维护权利人的权利，是为了平衡权利的实现与权利滥用。然而，在法律生活中，林权人所享有权利不是整个林权，而是某个或某几个具体的权利，对林权的争议或纠纷不是整个林权，而是某个或某几个具体的权利。另一方面，林权的客体不是单一的物，而是三种不同的物，林权的客体包括了森林、林木和林地。另外，林权的主体也极其复杂，法律规则所规范的主体不是整个主体，而是某类主体。一言以蔽之，林权类型化具有必要性。

二　林权类型化的方法

林权类型化的方法是"客体与主体相结合"的方法，所谓"客体与主体相结合"的方法是指对林权分类时，既考虑林权的三个客体，又考虑林权的主体。林权类型化的方法是基于以下两个理论。其一，遵循我国权利分类理论。我国权利分类的一个主要依据乃是权利客体的不同，即根据客体不同，把权利分为物权、债权、人身权、知识产权等。"客体权利分类"理论贯穿了我国民法教学、民法立法体系及司法实践思维。其二，物权分类的基础是权利来源的主体不同。根据权利来源主体不同，物权分为所有权（自有权）和他物权，根据物的价值形态不同，他物权分为用益物权和担保物权。

三　林权的类型

胡玉良认为，林权是指林地所有权、林地使用权和林木所有权，魏华认为，林权包括森林、林木和林地的所有权或使用权，韦蕙兰、陈海云、任晓冬等认为，林权包括森林、林木、林地的所有权、使用权、收益权、处置权等，吕祥熙、沈文星认为，林权是源于森林资源所有权的一种他物权形式，是森林资源非所有权依法取得的，对森林资源享有的用益物权。林权和土地承包经营权的差异。林权的客体具有生态性和社会性。土地承包经营权针对的是"地"，而林权调整的是"林"——森林资源，刘宏明认为，林权包括森林、林木、林地的所有权，森林、林木和林地使用权与林地承包经营权等财产性权利，以上观点的主要依据是《森林法》和《森林法实施条例》的一些规定。《森林法》第3条规定："森林资源属于国家所有，由法律规定属于集体所有的除外。国家所有的和集体所有的森林、林木和林地，个人所有的林木和使用的林地，由县级以上地方人民政府登记造册，发放证书，确认所有权或者使用权。国务院可以授权国务院林业主管部门，对国务院确定的国家所有的重点林区的森林、林木和林地登记造册，发放证书，并通知有关地方人民政府。森林、林木、林地的所有者和使用者的合法权益，受法律保护，任何单位和个人不得侵犯。"《森林法》第17条规定："单位之间发生的林木、林地所有权和使用权争议，由县级以上人民政府依法处理。个人之间、个人与单位之间发生的林木所有权和林地使用权争议，由当地县级或者乡级人民政府依法处理。"

《森林法实施条例》第 5 条规定："使用集体所有的森林、林木和林地的单位和个人，应当向所在地的县级人民政府林业主管部门提出登记申请，由该县级人民政府登记造册，核发证书，确认森林、林木和林地使用权。"《森林法实施条例》第 6 条规定："改变森林、林木和林地所有权、使用权的，应当依法办理变更登记手续。"按照以上的观点，森林承包经营权、森林担保权、林地担保权、林木承包经营权及林木担保权都被排除在外，这是不合理的。虽然《森林法》和《森林法实施条例》没有直接规定森林承包经营权、森林担保权、林地担保权、林木承包经营权及林木担保权，但是《农村土地承包法》、《土地管理法》及《物权法》对其作了相应的规定。按照《农村土地承包法》的规定，林地属于农村土地，《农村土地承包法》对农村土地承包经营权作了较详细的规定。《农村土地承包法》第 20 条规定："耕地的承包期为三十年。草地的承包期为三十年至五十年。林地的承包期为三十年至七十年。特殊林木的林地承包期，经国务院林业行政主管部门批准可以延长。"《农村土地承包法》第 22 条规定："承包合同自成立之日起生效。承包方自承包合同生效时取得土地承包经营权。"《农村土地承包法》第 23 条规定："县级以上地方人民政府应当向承包方颁发土地承包经营权证或林权证等证书，并登记造册，确认土地承包经营权。"《农村土地承包法》第 31 条（土地承包经营权能否继承）规定："承包方应得的承包收益，依照继承法的规定继承。林地承包的承包方死亡，其继承人可以在承包期内继续承包。"《农村土地承包法》设了专章规定了农村土地承包经营权流转，农村土地承包经营权流转中规定了农村土地承包经营权的担保问题。《土地管理法》第 14条规定："农民集体所有的土地由本集体经济组织的成员承包经营，从事种植业、林业、畜牧业、渔业生产。承包经营土地的农民有保护和按照承包合同约定的用途合理利用土地的义务。农民的土地承包经营权受法律保护。"《物权法》第 125 条规定："土地承包经营权人依法对其承包经营的耕地、林地、草地等享有占有、使用和收益的权利，有权从事种植业、林业、畜牧业等农业生产。"《物权法》第 133 条规定："通过招标、拍卖、公开协商等方式承包荒地等农村土地，依照农村土地承包法等法律和国务院的有关规定，其土地承包经营权可以以转让、入股、抵押或者以其他方式流转。"笔者认为，林权包括以下一些类型：林地所有权、林地使用权、林地承包经营权、林地担保权、森林所有权、森林使用权、森林承包

经营权、森林担保权、林木所有权、林木使用权、林木承包经营权及林木
担保权。

四　辨析林地使用权和林地承包经营权

一方面，《森林法》和《森林法实施条例》等法律只明确规定了林地
使用权，并没有明确规定林地承包经营权，然而，《农村土地承包法》和
《物权法》等法律明确规定了林地承包经营权，并没有明确规定林地使用
权；另一方面，在法学理论界和司法实践中，有些"法律人"误解了它
们之间的关系，他们认为，林地使用权能够替代林地承包经营权，笔者认
为，林地使用权不能替代林地承包经营权。农地包括了林地，所以说农地
使用权包括林地使用权，农村土地（农地）承包经营权包括林地承包经
营权，换言之，农地使用权是林地使用权的上位概念，农村土地（农地）
承包经营权是林地承包经营权的上位概念。林地使用权能否替代林地承包
经营权呢？笔者认为，林地使用权不能替代林地承包经营权。由于农地使
用权是林地使用权的上位概念，农村土地（农地）承包经营权是林地承
包经营权的上位概念，所以要证明林地使用权不能替代林地承包经营权，
只要证明农地使用权不能取代农村土地承包经营权即可。对于"农地使用
权不能取代农村土地承包经营权"问题，笔者曾经在《农村土地承包经
营权流转研究》中对其作了探讨，下面，在以前研究基础上，补充了一些
论据。

"主张用农地使用权取代农村土地承包经营权的理由归纳如下：1. 承
包经营权本是债法范畴的术语；2. 承包经营权的词语意义与所表示权利
的内涵外延不对称，既不能与农村土地使用权明确区别，又不能与企业的
承包经营权、债法意义的农地承包经营权相区别；3. 承包经营权与联产
承包经营合同相联系，实际上承包经营权是一个独立的用益物权；4. 土
地承包经营权可以以土地所有权和土地使用权而设立。这样就在土地物权
体系结构中，形成一个在土地所有权之上设立土地使用权，又在土地使用
权之上再行设立土地承包经营权的梯次结构。这显然不符合物权法原理；
5. 在承包经营权'转包'关系中，土地承包人在保留其土地承包经营权
的前提下，将所承包的土地转包给其他人经营。在土地转包关系中，转包
人所取得的对土地的使用权利也是土地承包经营权。但其具有何种性质？
如果是物权性质，我们就得认可在前土地物权梯次结构中的土地承包经营

权之上，再行设立一个相同性质的土地承包经营权，这显然违背一般物权法理论；如果是债权性质，那么我们在立法上或实务中，就不得不区分物权性质的土地承包经营权和债权性质的土地承包经营权。"①

针对他们提出的理由，在此一一加以检讨。1. 不管是法学理论界，还是立法界，农村土地承包经营权是物权，不是债权，这已经形成了共识，无需多言。2. "农村土地承包经营权"的内涵和外延会随着社会生活、政治、经济、法律等因素综合作用而发生变化，虽然农村土地承包经营权几个字眼没有变，但是它的内涵更丰富。农村土地承包经营权是历史的产物，是社会生活中的产物，是广大农民智慧的产物，农民对它比较熟悉，至少对它的感性认识较深，至少人们"闻其名，知其人"。当然，农村土地承包经营权在现实生活中可能表现各种各样的假象，在一段时间，它的某些特点凸显出来，某些特征呈隐性，但是，它的本质始终如一，永远没有变化，即它是典型的物权。虽然农村土地使用权也是物权，但是与农村土地承包经营权是有区别的，如在农村土地所有权虚化的情况下，农村土地承包经营权是准所有权。3. 农民承包经营自留地的权利，承包经营"四荒"的权利没有与联产承包经营合同有必然的联系。即使农村土地承包经营权与联产承包经营合同有必然的联系，农村土地承包经营权也是独立的用益物权，在特定的环境下，农村土地承包经营权也扮演了农村土地所有权的角色。4. 诚然，顾名思义是认识和理解事物的一种方法，但是它不是万能法。我们可以采取由外及内，抛弃顾名思义之偏见。从事物的功能、目的和本质之角度认识和理解农村土地承包经营权。《民法通则》第80条第2款规定："公民、集体依法对集体所有的，或国家所有由集体使用的土地承包经营权，受法律保护。"顺着后者进路思考和解释《民法通则》第80条第2款的规定。即《民法通则》第80条第2款所规定的国家所有由集体使用的土地是指国家所有由集体承包经营的土地，其实，在土地承包经营权关系中，发包人是土地所有者，不是土地使用者。先是国家把其所有的农村土地承包给集体，然后，集体把其农村土地承包经营权转让给公民或集体经济组织。5. 在农村土地转包关系中，转承包人所取得的对土地的使用权不是农村土地承包经营权。转包和出租后，虽

---

① 梁慧星：《中国物权法草案建议稿，条文、说明及理由》，社会科学文献出版社2003年版，第514页。

然土地不再由原承包方耕种，但是土地承包经营权的主体并没有发生变化，承包关系也并不是发包方与接包方或者承租方之间关系，而仍然是原承包方与发包方的关系。

另外，《农村土地承包法》、《土地管理法》、《物权法》及《中共中央国务院关于全面推进集体林权制度改革的意见》等法律和政策都明确规定了林地承包经营权，而没有明确规定林地使用权。《农村土地承包法》第 20 条规定："耕地的承包期为三十年。草地的承包期为三十年至五十年。林地的承包期为三十年至七十年。特殊林木的林地承包期，经国务院林业行政主管部门批准可以延长。"《农村土地承包法》第 22 条规定："承包合同自成立之日起生效。承包方自承包合同生效时取得土地承包经营权。"《农村土地承包法》第 23 条规定："县级以上地方人民政府应当向承包方颁发土地承包经营权证或林权证等证书，并登记造册，确认土地承包经营权。"《农村土地承包法》第 31 条规定："承包方应得的承包收益，依照继承法的规定继承。林地承包的承包方死亡，其继承人可以在承包期内继续承包。"《土地管理法》第 14 条规定："农民集体所有的土地由本集体经济组织的成员承包经营，从事种植业、林业、畜牧业、渔业生产。承包经营土地的农民有保护和按照承包合同约定的用途合理利用土地的义务。农民的土地承包经营权受法律保护。"《物权法》第 125 条规定："土地承包经营权人依法对其承包经营的耕地、林地、草地等享有占有、使用和收益的权利，有权从事种植业、林业、畜牧业等农业生产。"《物权法》第 133 条规定："通过招标、拍卖、公开协商等方式承包荒地等农村土地，依照农村土地承包法等法律和国务院的有关规定，其土地承包经营权可以转让、入股、抵押或者以其他方式流转。"《中共中央国务院关于全面推进集体林权制度改革的意见》第 4 条第 15 款规定："规范林地、林木流转。在依法、自愿、有偿的前提下，林地承包经营权人可采取多种方式流转林地经营权和林木所有权。流转期限不得超过承包期的剩余期限，流转后不得改变林地用途。集体统一经营管理的林地经营权和林木所有权的流转，要在本集体经济组织内提前公示，依法经本集体经济组织成员同意，收益应纳入农村集体财务管理，用于本集体经济组织内部成员分配和公益事业。"

虽然《森林法》和《森林法实施条例》只明确规定了林地使用权，并没有明确规定林地承包经营权，虽然《森林法》和《森林法实施条例》

是《农村土地承包法》、《土地管理法》及《物权法》等法律的特别法，按照"特别法效力优先一般法效力"的原理，对于林权的规定，《森林法》和《森林法实施条例》的效力优先《农村土地承包法》、《土地管理法》及《物权法》等法律的效力，但是《森林法》和《森林法实施条例》的修订时间比《农村土地承包法》、《土地管理法》及《物权法》等法律修订时间早，按照"后制定的法律效力优先先制定法律效力"的原理，对于林权的规定，《农村土地承包法》、《土地管理法》及《物权法》等法律的法律效力优先于《森林法》和《森林法实施条例》等法律的效力。问题是"特别法效力优先一般法效力"的原理与"后制定的法律效力优先先制定法律效力"的原理发生矛盾时，前者还是后者的效力层次更高呢？笔者认为，后者的效力层次更高。法律效力层次的根本依据是法律效力的对象层次，法律效力的对象层次是：空间、时间和人，而"特别法效力优先一般法效力"的原理的根据不是法律效力层次的根本根据，而是在法律效力层次的根本根据之下的根据，"后制定的法律效力优先先制定法律效力"的原理的理论依据是法律效力层次的根本依据。

第二章

林权法律理论

第一节 林权法律价值

一 林权法律价值的概念和类型

所谓林权法律价值是指林权法律对林权人的作用或意义。林权法律对林权人具有生存价值、生态价值和发展价值，虽然从理论上说，林权法律的生存价值是首位，但是从我国林权法律的规定看，林权法律的生态价值是首位。《森林法》第5条规定："林业建设实行以营林为基础，普遍护林，大力造林，采育结合，永续利用的方针。"《森林法》第8条规定："国家对森林资源实行以下保护性措施：（一）对森林实行限额采伐，鼓励植树造林、封山育林，扩大森林覆盖面积；（二）根据国家和地方人民政府有关规定，对集体和个人造林、育林给予经济扶持或者长期贷款；（三）提倡木材综合利用和节约使用木材，鼓励开发、利用木材代用品；（四）征收育林费，专门用于造林育林；（五）煤炭、造纸等部门，按照煤炭和木浆纸张等产品的产量提取一定数额的资金，专门用于营造坑木、造纸等用材林；（六）建立林业基金制度。国家设立森林生态效益补偿基金，用于提供生态效益的防护林和特种用途林的森林资源、林木的营造、抚育、保护和管理。森林生态效益补偿基金必须专款专用，不得挪作他用。具体办法由国务院规定。"《森林法》第11条规定："植树造林、保护森林，是公民应尽的义务。各级人民政府应当组织全民义务植树，开展植树造林活动。"《森林法》第31条规定："采伐森林和林木必须遵守下列规定：（一）成熟的用材林应当根据不同情况，分别采取择伐、皆伐和渐伐方式，皆伐应当严格控制，并在采伐的当年或者次年内完成更新造林；（二）防护林和特种用途林中的国防林、母树林、环境保护林、风景林，只准进行抚育和更新性质的采伐；（三）特种用途林中的名胜古迹和革命纪念地的林木、自然保护区的森林，严禁采伐。"《森林法》第 32 条规定："采伐林木必须申请采伐许可证，按许可证的规定进行采伐；农村居民采伐自留地和房前屋后个人所有的零星林木除外。"《森林法》第 38 条规定："国家禁止、限制出口珍贵树木及其制品、衍生物。禁止、限制出口的珍贵树木及其制品、衍生物的名录和年度限制出口总量，由国务院林业主管部门会同国务院有关部门制定，报国务院批准。出口前款规定限制出口的珍贵树木或者其制品、衍生物的，必须经出口人所在地省、自治区、直辖市人民政府林业主管部门审核，报国务院林业主管部门批准，海关凭国务院林业主管部门的批准文件放行。进出口的树木或者其制品、衍生物属于中国参加的国际公约限制进出口的濒危物种的，必须向国家濒危物种进出口管理机构申请办理允许进出口证明书，海关凭允许进出口证明书放行。"《森林法实施条例》第 5 条规定："林业建设实行以营林为基础，普遍护林，大力造林，采育结合，永续利用的方针。"《森林法实施条例》第 15 条规定："下列森林、林木、林地使用权可以依法转让，也可以依法作价入股或者作为合资、合作造林、经营林木的出资、合作条件，但不得将林地改为非林地：（一）用材林、经济林、薪炭林；（二）用材林、经济林、薪炭林的林地使用权；（三）用材林、经济林、薪炭林的采伐迹地、火烧迹地的林地使用权；（四）国务院规定的其他森林、林木和其他林地使用权。依照前款规定转让、作价入股或者作为合资、合作造林、经营林木的出资、合作条件的，已经取得的林木采伐许可证可以同时转让，同时转让双方都必须遵守本法关于森林、林木采伐和更新造林的规定。除本条第一款规定的情形外，其他森林、林木和其他林地使用权不得转让。"《退耕还林条例》第 1 条规定："为了规范退耕还林活动，保护退耕还林者的合法权益，巩固退耕还林成果，优化农村产业结构，改善生态环境，制定本条例。"《退耕还林条例》第 4 条规定："退耕还林必须坚持生态优先。退耕还林应当与调整农村产业结构、发展农村经济，防治水土流失、保护和建设基本农田、提高粮食单产，加强农村能源建设，实施生态移民相结合。"从《森林法》、《森林法实施条例》及《退耕还林条例》的以上规定看，保持及提高森林覆盖率是林业生产、经营、利用及监管的最基本的目标，进而言之，《森林法》和《森林法实施条例》的以上规定体现了生态价值是首位。

　　由于《森林法》、《森林法实施条例》及《退耕还林条例》忽视了林权的生存价值，所以林权人开发和保护林业的积极性被扼制，所以依靠林业生存和发展的农村社区的农民的生存仍然是在贫困线徘徊，尤其是生活在大山中的世居少数民族。为了很好处理林权法律的生态价值与生存价值和发展价值之间的关系，《森林法》规定，国家和省、自治区人民政府对地方政府在一定林业开发和保护方面给予民族自治地方自治权，尤其是中央、国务院推行了集体林权制度改革。《森林法》第 9 条规定："国家和省、自治区人民政府，对民族自治地方的林业生产建设，依照国家对民族自治地方自治权的规定，在森林开发、木材分配和林业基金使用方面，给予比一般地区更多的自主权和经济利益。"

二　林权法律价值的实现

　　从宏观的层面看，应然层面的林权法律价值通过实然层面的林权法律规则和林权法律政策等方式实现。从微观层面看，应然层面的林权法律价值的实现与实然层面的林权法律价值的实现一样。从事物的本体论的角度看，它是由从原则到规则，再到条款的渠道，或从法律原则到法律政策的渠道。实然层面的林权法律价值的实现是由从法律原则到法律规则，再到条款的渠道，或从法律原则到法律政策的渠道。

第二节　林权法律原则

一　法律原则的概念和特征

　　罗纳德·德沃金认为，原则是描述权利的陈述。"原则的论据意在确立个人权利；原则是描述权利的陈述；"① 徐国栋认为，原则的核心意项是根本规则。"通过对原则一词进行语义考察可以发现，无论在汉语中还是在拉丁语或英语中，原则一词的核心意项皆为根本规则。本文即根据这种含义对民法基本原则进行界说。民法基本原则是其效力贯穿民法始终的

―――――――――――

　　① ［美］罗纳德·德沃金：《认真对待权利》，中国大百科全书出版社 1998 年版，第 126 页。

民法根本规则，是对作为民法主要调整对象的社会关系的本质和规律以及立法者在民事领域所行政策的集中反映，是克服法律局限性的工具。"① 迈克尔·D. 贝勒斯认为，原则不是通过是否有效力的方式适用，而是以平衡的方式适用，原则具有一般性，原则具有"分量"。"原则不是以要么有效要么无效的方式适用，并且原则可能互相冲突，所以原则有'分量'。原则的一般性可能有不同程度。"② 中国台湾学者庄世同先生认为，"原则在普遍性、规约性之外，还具有可证立性。"③ "在法学中，法律原则是指可以作为规则的基础或本源的综合性、稳定性原理和准则。原则的特点是，它不预先规定任何确定的，具体的事实状态，没有规定具体的权利和义务，更没有规定确定的法律后果。"④ 阿列克西认为，"规则是确定性命令，原则是最佳化的命令。原则彼此间是等位阶的"。⑤ "所谓法律原则是指法律规则和法律政策的基本原理和准则。法律原则具有抽象性、指导性、规约性、分量性及普遍性等特征。法律原则的特征是由法律原则与法律价值、法律技术规律及法律政策的关系所决定的"。⑥ 从法社会学的视角看，法律原则是调控法律规则和法律政策的手段。法律原则对法律规则和法律政策的调控手段是提供技术原理和伦理思想。

二　林权法律原则的种类

在《农村土地承包经营法律研究——从价值到规范的进路》一书中，曹务坤对农村土地承包经营法律价值的种类进行了探讨，在此，借鉴其研究的方法和研究视角分析林权法律原则的种类。依据林权法律的内在构成要素不同，可以把林权法律原则分为林权主体法律原则、林权客体法律原

---

① 徐国栋：《民法基本原则的解释——成文法局限性之克服》，中国政法大学出版社 2001 年版，第 8 页。

② ［美］迈克尔·D. 贝勒斯：《法律的原则——一个规范的分析》，中国大百科全书出版社 1996 年版，第 12—13 页。

③ 庞正、杨建：《法律原则核心问题论辩》，《南京师大学报（社会科学版）》2010 年第 1 期。

④ 同上。

⑤ 同上。

⑥ 曹务坤：《农村土地承包经营法律研究——从价值到规范的进路》，知识产权出版社 2011 年版，第 46 页。

则、林权内容法律原则及林权保护法律原则；依据林权变动的法律效果不同，可以把林权法律原则分为林权取得法律原则、林权变更法律原则及林权消灭法律原则；依据性质不同，可以把林权法律原则分为林权法律价值原则和林权法律技术（规律）原则；依据林权价值不同，可以把林权法律原则分为林权法律生态价值法律原则、林权法律生存价值法律原则、林权法律发展价值法律原则、林权法律文化价值法律原则及林权法律科研价值法律原则；依据形式和内容不同，可以把林权法律原则分为林权程序法律原则和林权实体法律原则。"他认为，非公有制林业法律管理制度的原则包括：（1）林业可持续性原则（2）稳定性原则和连续性原则（3）效率优先兼顾公平原则（4）保护非公有制林业经营者合法权益原则。"[①]

第三节　林权法律立法模式

一　引言

林权法律不仅是伦理规范，还是技术规范，所以林权法律的立法模式不是伦理问题，而是技术问题。从科学的视角看，法律是一门社会科学，从科学的维度看，更关注法律的技术问题，因此，从此意义上说，更应该关注林权法律的技术规范，而林权法律的立法模式是技术问题，所以研究林权法律问题，就应该研究林权法律的立法模式。从本体论的视角看，林权法律的立法模式具有理论意义和实践意义。林权法律的立法模式为林权的主体、客体、内容、变动及保护提供理论基础，为林权的主体、客体、内容、变动及保护提供了可能性，也为林权纠纷解决机制多元化提供了正当性和可能性。林权法律的立法模式既可以为林权法律的修订提供依据，也可以为林权法律的实施作指导，更可以为林权纠纷司法解决提供依据和方法。

二　林权法律立法模式的理论

林权法律的立法模式理论包括了几个问题。第一个问题是林权法律的

---

① 包玉华：《非公有制林业法律管理制度研究》，东北林业大学 2009 年 12 月林业经济管理学专业博士论文。

立法模式的本体论，即林权法律的立法模式是什么？第二个问题是林权法律的立法模式的特征。第三个问题是林权法律的立法模式的类型。第四个问题是林权法律的立法模式与林权纠纷解决机制的关联性。

林权法律的立法模式是指通过什么形式规范林权的主体、客体、内容、变动及保护等。林权法律的立法模式概念中的"形式"是指"原则"、"规则"及"政策"等。林权法律的立法模式具有以下特征。其一，形式性。林权法律的立法模式只是形式问题，只是规范林权的方式，而不是实质内容问题。其二，宏观性。林权法律的立法模式只是从宏观的层面规制林权问题，而不是从微观的层面规制具体林权问题。其三，系统性。林权法律的立法模式是由原则、规则和政策共同规范林权的主体、客体、内容、变动及保护等的一个系统，而不是规范林权的某方面，不是规范林权的某一个林权法律，也不是指某法律的某因素。其四，抽象性。林权法律的立法模式是对所有林权法律原则、林权法律政策和林权法律规则规范林权的主体、客体、内容、变动及保护等形式的归纳和提炼。

从数学的排列组合的原理的维度看，林权法律的立法模式可能有以下几种不同的类型。法律原则规范林权模式、法律规则规范林权模式、法律政策规范林权模式、法律原则和法律规则规范林权模式、法律原则和法律政策规范林权模式、法律政策和法律规则规范林权模式及法律原则、法律规则和法律政策规范林权的模式。从实然层面看，林权法律的立法模式只有一种模式，即法律原则、法律规则和法律政策规范林权的模式。

林权法律的立法模式对林权纠纷解决机制具有重要的影响。林权法律的立法模式是林权纠纷解决机制的理论基础，林权法律的立法模式决定了林权纠纷解决的机制，有什么类型的林权法律的立法模式，就有相应的林权纠纷解决机制。我国采用了法律原则、法律规则和法律政策规范林权的模式，所以我国也采用林权纠纷解决多元机制，现阶段，由于林权法律政策是林权法律的立法模式中主要方法，所以我国林权纠纷解决的主要方式是行政方式。

三 林权法律立法模式的实践问题

林权法律的立法模式实践问题包括以下几个问题。第一个问题是林权法律的立法模式的选择问题，即我国应该选择何种林权法律的立法模式。第二问题是我国林权法律的立法模式的缺陷。第三个问题是林权法律的立法模式的完善。

　　根据孟德斯鸠的"分权"理论和德沃金的"原则、规则和政策三位一体"的法律模式理论，我国采用了法律原则、法律规则和法律政策规范林权的模式。此种模式实质上是立法权由不同法律主体分享，"法律人"、党政机关和一般的公民都有可能参与林权法律的制定。由于法律由原则、规则和政策构成，所以法律原则、法律规则和法律政策应当是林权法律的立法形式。固然，我国采用了法律原则、法律规则和法律政策规范林权的模式具有正当性，但是我国所采用的法律原则、法律规则和法律政策规范林权的模式是以"法律政策为主，法律规则和法律原则为辅"的林权法律的立法模式，这是我国现行林权法律的立法模式的缺陷。它的缺陷表现如下。其一，人们淡化了遵守法律规则的意识。近年来，我国非常重视集体林权制度改革，地方政府和基层政府都制定相应的实施方案和配套法律政策。有些地方政府和基层政府所制定集体林权制度改革的实施方案和配套法律政策与法律原则和法律规则相左。由于集体林权制度改革的法律政策的实施的主体是党政机关，而林权法律规则的实施的主体主要是司法机关，行政机关是林权法律规则实施的辅助主体；另一方面，集体林权制度改革的法律政策的实施效果与党政机关领导的政绩挂钩，而林权法律规则的实施效果与行政机关领导的政绩不挂钩，所以林权法律政策与林权法律规则发生矛盾时，自然而然，林权法律规则让位林权法律政策，这导致人们忽视林权法律规则的遵守，也使人们太依赖林权法律政策。其二，不少林权纠纷得不到解决。由于林权纠纷解决方面的法律政策过于强调行政方式，而实际上，有些林权纠纷通过行政方式无法解决，或行政方式解决效果不佳，其原因是行政机关是林权纠纷的当事人的利害相关人或当事人，或行政机关解决林权纠纷的方式不恰当或参与林权纠纷解决的行政机关工作人员的业务水平低等，因此，有不少的林权纠纷悬而未决。其三，增加了基层党政机关的工作压力。笔者在调研中发现，在集体林权制度改革政策的实施中，基层党政机关的工作压力大。一方面，集体林权制度改革政策的实施需要大量的人力、物力和财力，有些基层党政机关的人力、物力和财力极其有限，尤其经费难以到位，技术人员也相当缺乏。另一方面，有些林权纠纷一时难以解决，林权纠纷当事人把怨气往基层党政机关发泄，有些林权纠纷当事人则试图通过上访的方式给基层党政机关施加压力，而上访案件与基层党政机关领导的政绩直接挂钩，这给基层党政机关带来极大的压力。由于以"法律政策为主，法律规则和法律原则为辅"的林权法律的立法模式存在明显缺陷，所以应该完善林权法律的立法模式。如何完善林权法律的立法模式呢？笔者认为，把以"法律政策为主，法律规则和法律原则为辅"的林权法律的立法模式改为以"法律规则为主，法律原则和法律政策为辅"的林权法律的立法模式。其理由如下。其一，法律规则在法治中处于核心地位。西方分析法学派强调法律规则在法治中的绝对性，这是片面的，但是有一点是确定的，即法律规则在法治中处于核心地位。其二，与法律政策相比，法律规则具有稳定性、客观性及普遍性等特质。法治之所以被现代国家所选择，是因为法律具有规则的稳定性、客观性及普遍性等特质决定了法律的稳定性、客观性及普遍性，法律的稳定性、客观性及普遍性等特质使法律具有很强的权威性。其三，有利于司法实践。司法人员在解决纠纷时，对案件作出判决的法律依据主要是法律规则，法律政策仅能作为判决案件的间接依据，即是通过把"法律政策作为法律原则的具体化和表现形式"作为案件判决的依据。以"法律规则为主，法律原则和法律政策为辅"的林权法律的立法模式有利于司法实践，反之，以"法律政策为主，法律规则和法律原则为辅"的林权法律的立法模式则不利于司法实践。在司法实践中，由于林权法律政策不能作为解决林权纠纷的直接依据，所以集体林权制度改革中的林权纠纷，如果没有法律规则作为依据，或集体林权制度改革的政策与林权法律规则发生冲突时，司法机关不受理此类纠纷，因此司法机关在人们心目中权威性大打折扣。

第三章

林权法律规则和林权法律政策

第一节　林权法律政策的概念和特征

一　政策（法律政策）的概念

柯德认为，"从本质上看，政策是关于政治权利的运用以及使这过程合法化的话语"。① 冯灼锋教授认为，"政策是阶级或政党为维护自己的利益，以权威形式规定的在一定时期内指导和规范人民行为的准则。"② 王福生教授认为，"政策是人们为实现某一目标而确定的行为准则和谋略"。③ 在《现代汉语词典》中，"政策是指国家、政党为实现一定历史时期的路线而制定的行为准则"。④ 罗纳德·德沃金认为，"我把这样的准则称为'政策'，它们规定了一个必须实现的目标，一般是关于社会的某些经济、政治或者社会问题的改善政策的论据意在确立集体目标。政策是描述目标的陈述"。⑤ E. 博登海默认为，"在冲突法领域中，如果某一外国法规的实施会违反法院的重大公共政策，那么该法院就不应当适用该外国法规。在许多——固然未必是全部——冲突法案件中，所谓公共政策乃是指法律政策，亦即是说，是一种发布于宪法规定、法规或先例中的重要规范性声明，这种规范性声明反映了社会对于

---

① 谢少华：《政策的本质探讨》，《华南师范大学学报（社科版）》2003 年第 5 期。

② 刘斌、王春福：《政策科学研究》（第 1 卷），人民出版社 2000 年版，第 86 页。

③ 周树志：《公共政策学》，西北大学出版社 2000 年版，第 32 页。

④ 《现代汉语词典》，商务印书馆 1983 年版，第 1477 页。

⑤ ［美］罗纳德·德沃金：《认真对待权利》，中国大百科全书出版社 1998 年版，第 41、126 页。

何谓社会之善的普遍观点"。① 张金马认为，"政策是个人、团体或国家政府在具体情境下的行动指南或准则"。② 张杨认为，"通过以上分析，笔者认为可以给公共政策下这样一个定义：公共政策是指由法律授权机关在社会各利益集团充分表达自我意志的基础上所制定的能在各利益团体之间取得平衡的具有约束力的行为准则"。③ "不管从应然层面看，还是从实然层面看，政策就是法律，政策与法律政策是同一概念；不管是法社会学派、价值法学派的一些法哲学家的理论，还是分析法学派的一些法哲学家的理论，都包含了政策是法律的理念；也不管静态的'法律观'，还是动态的'法律观'，都把政策视为法律的一个要素，即政策是法律。从实然的层面看，所谓政策（法律政策）是指具有灵活性和目标性的强制性规范；从应然的层面看，所谓政策（法律政策）是指具有正当性的、灵活性和目标性的强制性规范"。④ 从法社会学的视角，法律政策是指政治集团和政府调控社会，并具有正当性的、灵活性、目标性及强制性的手段。

二 林权法律政策的概念和特征

林权法律政策是指政治集团和政府调控"林权的主体、客体、内容、变动及保护"这社会系统，并具有正当性的、灵活性、目标性及强制性的手段。林权法律政策特征的归纳和提炼是基于曹务坤在《农村土地承包经营法律研究——从价值到规范的进路》中对农村土地承包经营法律政策特征探讨的基础上。林权法律政策与林权法律原则比较，林权法律政策具有以下一些主要特征。其一，内容具体。一方面，林权法律政策具有弥补和替代林权法律规则的作用，尤其是法律规则还没有制定之前，其作用的表现尤为明显；另一方面，林权法律政策的对象和内容也比较具体。其二，林权法律政策制定主体是政治优势者。不管是国家行政机构，还是中国共产党，他们都是政治优势者。林权法律原则的制定者不一定是政治优势者，如一些学者。其三，具有直接效力。与林权法律规则一样，林权法律

---

① ［美］E. 博登海默：《法理学——法律哲学与法律方法》，邓正来译，中国政法大学出版社 2004 年版，第 488 页。

② 张杨：《公共政策内涵新探》，《经济与社会发展》2005 年第 5 期。

③ 同上。

④ 曹务坤：《农村土地承包经营法律研究——从价值到规范的进路》，知识产权出版社 2011 年版，第 78 页。

政策所规范的行为是具体行为，它能够直接评价某一行为，能够直接对某一行为是否有效作出判断，不需要依赖其他媒介或法律方法。而林权法律原则需要依赖其他媒介或法律方法才能够对某一行为发生效力，这是由林权法律原则的本质属性所决定的。

与林权法律规则比较而言，林权法律政策具有以下一些主要特征。其一，具有特定性。林权法律政策制定主体的代表具有特定性，规范的行为具有特定性。林权法律政策制定的主体的代表是共产党员或国家行政机构人员，而林权法律规则的制定主体的代表不是特定的，而是普遍的，而是广泛的，如农民、工人、商人、学者及共产党员、国家行政机构人员及各民主党派人士都可能是林权法律规则制定主体的代表。林权法律政策是对特定行为进行规范。中共中央国务院所颁布的林权法律政策——《中共中央国务院关于全面推进集体林权制度改革的意见》（2008 年 6 月 8 日），地方政府制定的有关集体林权制度改革方面的法律政策，基层政府制定的有关集体林权制度改革的实施方案，对江西、福建、贵州及云南等省的集体林权承包给家庭、个人及企业的规定；尤其一些正在进行集体林权制度改革的地方，有些民族自治地方的法律政策所规范行为的特定性的表现尤为突出。其二，具有灵活性。林权法律政策的表现形式灵活多样。如文件、决定、批示、意见及会议纪要等表现形式，而林权法律规则通过法或条例的形式表现。林权法律政策没有固定的制定程序，林权法律政策制定的程序灵活多样，如文件的制定程序和批示的制定程序及意见制定的程序不一样，而林权法律规则制定的程序相对固定，国家立法机关和地方立法机关制定林权法律规则的程序大同小异。其三，具有超前性。有些林权法律政策是林权法律规则制定和修改的依据。从此意义说，有些林权法律政策具有超前性。实际上有些林权法律政策也具有超前性，例如退耕还林的法律政策、保护生态林的法律政策、林权流转及配套的法律政策等。

与刑事法律政策比较，林权法律政策具有下列一些主要特征。其一，具有广泛性。林权法律政策制定主体的范围比刑事法律政策制定主体的范围广。刑事法律政策制定主体的范围只局限于司法机关，因为实际上，刑事法律政策问题属于司法问题，而林权法律政策制定主体不仅包括司法机关，还包括有关党政机关。林权法律政策所规范的内容比刑事法律政策所规范的内容广泛，林权法律政策执行主体的范围比刑事法律政策执行主体的范围广泛。其二，具有超前性。有些林权法律政策是面对未来，促使和引导人们保护生态，或促使和引导农民流转林权，而刑事法律政策是针对昨天和今天，不是面对未来，它永远具有滞后性，它是对是否犯罪和犯何罪作出判断，当某些行为对个人或社会或国家造成一定危害，而现行法律规则没有对其详细规定的情况下，刑事法律政策才有存在的必要性。

第二节　林权的法律原则、法律政策及法律规则的关系

一　法律原则、法律政策及法律规则的关系

"不管法律原则，还是法律政策和法律规则，它们都拥有共同的目标，即通过规范人的行为，从而推动社会文明。而人的行为是人的观念、意识、思想的表现，换言之，人的观念、意识、思想是人的行为根据，人的观念、意识、思想具有主观性，行为具有客观性，由于原则具有抽象性，抽象性就是指人的主观性，所以原则具有主观性，而法律的真正魅力在于它的强制力，强制力的客体应该具有客观性，而法律政策和法律规则具有客观性，法律原则要发挥'真'和'善'的作用，它必须依靠强制力，所以法律原则很有必要转化为法律政策和法律规则。"①

根据德沃金的观点，法律包括了原则、政策和规则，而法律属于规范，所以原则、政策和规则都属于规范，当然，有些法哲学家认为，原则、政策和规则都属于规范，都是规范人的行为，所以原则、政策和规则具有同质性；在法治国家，在德沃金的"原则、规则和政策三位一体"法律模式下，先有原则，再有规则和政策；E. 博登海默认为，"在冲突法领域中，如果某一外国法规的实施会违反法院的重大公共政策，那么该法院就不应当适用该外国法规。在许多——固然未必是全部——冲突法案件中，所谓公共政策乃是指法律政策，亦即是说，是一种发布于宪法规定、法规或先例中的重要规范性声明，这种规范性声明反映了社会对于何谓社会之善的普遍观点"。② 另外，相对其他规范，沿着从"抽象"到"具

① 曹务坤：《农村土地承包经营法律研究——从价值到规范的进路》，知识产权出版社 2011 年版，第 66 页。

② ［美］E. 博登海默：《法理学——法律哲学与法律方法》，邓正来译，中国政法大学出版社 2004 年版，第 488 页。

体"的逻辑，原则与规则和政策之间关系最近，符合"事物相互转化就近"的原理。

二 林权的法律原则、法律政策及法律规则的关系

林权的法律原则、法律政策及法律规则的关系包含两层含义：一层含义是林权的法律原则、法律政策及法律规则三者之间的区别，它们的区别是指林权法律原则与林权法律政策的区别，林权法律原则与林权法律规则的区别，林权法律政策与林权法律规则的区别；另一层含义是林权的法律原则、法律政策及法律规则三者之间的联系，它们的联系是指林权法律原则与林权法律政策的联系，林权法律原则与林权法律规则的联系，林权法律政策与林权法律规则的联系。首先，探讨林权的法律原则、法律政策及法律规则三者之间的区别。林权法律原则与林权法律政策和林权法律规则的区别已在林权法律原则的特征中论述，在此不再重述。林权法律规则与林权法律政策的主要区别如下：其一，制定的主体不同，林权法律规则的制定主体范围比林权法律政策制定的主体范围广，林权法律规则的制定主体包括了林权法律政策制定的一些主体，如行政机关既是林权法律规则的制定主体，又是林权法律政策的制定主体，换言之，林权行政法律规则和一般的林权法律政策的制定主体都是行政机关。当然，政党不是林权法律规则的制定主体，而是林权法律政策制定的主体。其二，执行机构不同。林权法律政策的执行者是党政机关，而林权法律规则的执行主体是司法机关和行政机关。其三，执行程序不同，林权法律政策的制定程序简单，而林权法律规则的制定程序复杂。其四，制定成本不同。林权法律政策的制定成本低，而林权法律规则的制定成本高。由于林权法律政策制定主体和参与制定的人数少，林权法律政策制定程序简单，反之，林权法律规则制定主体和参与制定的人数多，林权法律规则制定程序复杂，所以林权法律政策制定的成本低，而林权法律规则制定的成本高。其五，法律价值目标不同。林权法律政策的法律价值目标是提高法律应对社会变迁的能力和法律运营的效率，而林权法律规则的法律价值目标是维护法律的稳定性和秩序。然后，分析林权法律原则与林权法律规则的联系。林权法律原则为林权法律规则提供世界观和方法论，林权法律原则补缺林权法律规则的漏洞，通过一些法律方法，林权法律原则可以转化为林权法律规则，进而言之，林权法律原则是林权法律规则的抽象化；林权法律规则为林权法律原

则的方法和发展提供材料和依据，林权法律规则是林权法律原则的具体化和形式，林权法律规则是林权法律原则价值实现的渠道。再次，剖析林权法律原则与林权法律政策的联系。林权法律原则为林权法律政策提供依据，如林权法律的生态原则和生存原则是集体林权制度改革政策的依据，林权法律原则是林权法律政策的升华，在一定的条件下，林权法律原则可以转化林权法律政策；林权法律政策是林权法律原则的表现形式，林权法律政策为林权法律原则的丰富和发展提供材料和依据，在特定条件，林权法律政策是林权法律价值转化为林权法律原则的渠道，林权法律政策转化为林权法律原则。最后，归纳林权法律政策和林权法律规则的联系。在一定条件下，林权法律政策可以转化为林权法律规则，有些林权法律政策为林权法律规则的修订提供依据，有些林权法律价值是通过林权法律政策转为林权法律规则，林权法律规则为有些林权法律政策的制定提供依据。

第三节　林权体系结构

一　引言

从事物的内容与形式关联性视角看，林权类型应该分布在林权法律体系中，与林权体系结构应该是内容与形式的关系，有什么样的林权类型，就应该有什么样林权体系结构与其相适应。高利红和张平等学者从林地与森林和林木的关系对林权体系结构作了一些研究，但是他们的研究存在一些不足的地方，为了更全面了解林权体系结构，完善林权体系结构，下面，不妨从林权类型与林权体系结构的关系检讨林权体系结构问题。

二　林权体系结构的检讨

高利红认为，森林权属体系结构基本上可以分为几类模式：一元模式、二元模式及混合模式，二元模式是要选择的合理模式。"森林权属的体系结构是指林地与林木、物种资源之间在法律权属安排上的一种关系，森林权属体系结构基本上可以分为几类模式：一元模式，也就是说，土地将其上的一切物体完全吸附，土地属于谁，其上的一切财产就属于谁。我国实践中常说的'林随地走'即属此类；二元模式则允许林地与其上的其他财产区分开来，林地、林木、野生动植物等分别设置所有权，并且可以单独转让；在从计划经济到市场经济的转变过程中，我国还出现了无偿划拨林地给某个森工企业或机关团体的现象，林木收益完全归该单位，这其实是一种混合模式，因为林地是无偿的，国家所有权的权利主体——国家，又非常空洞遥远，给人的感觉是林地跟着林木的变动而变动，所以实践中这种模式也叫做'地随林走'。"① "不难看出，随着资源的进一步稀缺，设定在森林资源上的权属也必然分割得更为细致，人们对于森林的利用，越来越细化，一元主义的模式不能够适应资源优化配置的需要，更无助于缓解加诸在森林资源上权属之间的紧张关系。因此，二元主义才是我们要选择的合理模式。我国《森林法》虽然基本上属于二元模式的立法，但因为转让中限制比较多，在客观效果上将林地与林木经常进行捆绑式管理，从而没能将二元模式真正贯彻下去。"② 高利红对森林权属体系结构的研究存在以下不足的地方。其一，"森林权"的概念存在缺陷，如他认为，森林权的客体包括林地、林木及其物种资源。森林权的客体不应该包括林地，其理由已在"林权的客体"专题作了详细陈述，在此，不再重述。其二，森林权属体系结构理论基础与森林权概念之间存在逻辑上矛盾。他不主张采用"林随地走"的一元模式，主张采用"林与地分离"二元模式，即允许林地与其上的其他财产区分开来，林地、林木、野生动植物等分别设置所有权，并且可以单独转让。不管一元模式也好，二元模式也罢，林地是基础，林地权是核心，而森林权概念中却把森林作为林地的基础，即森林权的客体包括林地、林木及其物种资源。其三，误解了林权类型与林权体系结构之间的内在关联性。林权体系结构只是林权类型的形式，只是林权类型系统化的具体表现。

　　张平认为，林权体系结构应该采用一元模式，其原因是《物权法》、《农村土地承包法》关于土地承包经营权的规定也可以归类为一元模式。"《物权法》、《农村土地承包法》关于土地承包经营权的规定也可以归类为一元模式。我国进行集体林权制度改革实行'树随地走'政策，将集体林木所有权随林地承包经营权转移，可以确保农民在集体林权改革后能够继续经营，也体现出'一元模式'立法精神。"③ "我国集体林权产权制

---

① 高利红：《森林权属的法律体系构造》，《现代法学》2004 年第 5 期。

② 同上。

③ 张平：《我国集体林权产权制度改革的适法性分析》，《河北法学》2009 年第 12 期。

度的三种改革模式，虽然不同程度地体现了对现有立法的扩张，但是仍然建立在现有立法框架之内，与立法规定并不相悖。"① 张平的观点存在一些缺陷。其一，误解了林权体系结构的含义，对林权体系结构的含义作了缩小解释。其二，只是探讨集体林木所有权与林地承包经营权的关系，论述不够充分。

三　林权体系结构建构的理论基础

林权体系结构建构的理论基础是什么呢？林权体系结构建构的理论基础就是不同类型林权的关系，就是不同类型林权的地位问题，就是不同类型林权的体系化。进而言之，要诠释林权体系结构建构的理论基础，就要解释以下几个问题：1. 林权类型化的问题。2. 哪一类型的林权处于核心地位。3. 其他的林权与它的关系。

林权类型化问题在"林权的类型化"专题中已论述，在此不再重述。林权包括了"林地权"、"森林权"及"林木权"三大类型，每一大类型的林权又包括几个类型的林权，具体来说，林权包括以下一些类型：林地所有权、林地使用权、林地承包经营权、林地担保权、森林所有权、森林使用权、森林承包经营权、森林担保权、林木所有权、林木使用权、林木承包经营权及林木担保权。

林地权应该处于核心地位，其理由如下。其一，"土地中心主义"提供理论依据。张先贵从历时和共时等视角论证了不动产征收制度采用"土地中心主义"的必然性。"就不动产征收制度而言，尽管各国于政治、经济、文化等方面存在各种差异，其不动产征收立法规范配置和展开呈现出诸多不同的态样，但揆诸不动产征收制度较为完备国家之征收法典（如法国、德国、日本、美国、英国等），很容易发现，这些征收法典在立法名称的选择、性质的界定、补偿内容和范围的安排以及法律实施效果等方面，都非常重视土地的中心地位，可谓制度规范体系乃是以'土地'为中心和轴线而展开和架构的，其文本呈现出鲜明的'土地中心主义'立法取向。"② 其二，从事实层面看，林地是森林和林木的基础。林地具有

---

① 张平：《我国集体林权产权制度改革的适法性分析》，《河北法学》2009 年第 12 期。

② 张先贵：《不动产征收立法取向之抉择：土地中心抑或房屋中心？——以〈国有土地上房屋征收与补偿条例〉为分析样本》，《安徽大学学报（哲学社会科学版）》2012 年第 5 期。

固定不变性，而森林和林木具有变动性，之所以称作"林地"，是因为其土地生长一定数量的林木、其他植物及微生物，由于林木、其他植物及微生物，所以在其土地上才有野生动物，这就形成了森林。一旦林木和其他植物被砍伐，森林自然就消失，但是林木和森林的土地仍是土地，这土地上可能生长草本植物，变成草原；或者种植果树，变成果园；或种植粮食作物，变成耕地；也可能数年后，形成森林。林地与森林和林木的关系就决定了林地权与森林权和林木权的关系。

虽然林地权是森林权和林木权的基础，林地权处于核心地位，但是森林权和林木权具有独立性，森林权和林木权分离林地权具有必然性。"物尽其用"是物权分类和物权立法的一种重要原理。森林和林木都有自身特有的价值，权利的独立性是森林和林木的自身价值实现的前提，所以只有给予森林权和林木权独立地位，才能达到森林和林木被充分利用的目的。在事实层面上，森林和林木具有独立性，因此在法律层面上，森林和林木是特定物，而不是一般物，是主物，而不是从物，它们属于不动产。

林地权与森林权和林木权的关系决定了林权体系结构，林权体系结构属于二元模式。

第四节　林权主体法律规则

《森林法》、《森林法实施条例》、《农村土地承包法》、《物权法》、《土地管理法》及《民法通则》等法律对林权主体作了一些规定，这些规定就是林权主体法律规则。由于诸方面的因素，现行林权主体法律规则仍然存在一些缺陷，既然存在缺陷，就应该完善林权主体法律规则。下面，先分析林权主体法律规则的缺陷，后探讨林权主体法律规则的完善。

一　林权主体法律规则的缺陷

《森林法》第27条规定："国有企业事业单位、机关、团体、部队营造的林木，由营造单位经营并按照国家规定支配林木收益。集体所有制单位营造的林木，归该单位所有。农村居民在房前屋后、自留地、自留山种植的林木，归个人所有。城镇居民和职工在自有房屋的庭院内种植的林木，归个人所有。集体或者个人承包国家所有和集体所有的宜林荒山荒地造林的，承包后种植的林木归承包的集体或者个人所有；承包合同另有规定的，按照承包合同的规定执行。"从《森林法》第 27 条规定看，林权主体范围包括了国有企业事业单位、机关、团体、部队、集体所有制单位、个人、集体、国家等。《民法通则》第 74 条规定："集体所有的土地依照法律属于村农民集体所有，由村农业生产合作社等农业集体经济组织或者村民委员会经营、管理。已经属于乡（镇）农民集体经济组织所有的，可以属于乡（镇）农民集体所有。"从《民法通则》第 74 条规定看，林权主体包括集体、村农民集体、村农业生产合作社、农村经济组织、村民委员会、乡（镇）农民集体经济组织等。《农村土地承包法》第 12 条规定："农民集体所有的土地依法属于村农民集体所有的，由村集体经济组织或者村民委员会发包；已经分别属于村内两个以上农村集体经济组织的农民集体所有的，由村内各该农村集体经济组织或者村民小组发包。村集体经济组织或者村民委员会发包的，不得改变村内各集体经济组织农民集体所有的土地的所有权。"从《农村土地承包法》第 12 条规定看，林权主体包括农民集体、村农民集体、村集体经济组织、村民委员会、村农村集体经济组织、村民小组等。《土地管理法》第 10 条规定："农民集体所有的土地依法属于村农民集体所有的，由村集体经济组织或者村民委员会经营、管理；已经分别属于村内两个以上农村集体经济组织的农民集体所有的，由村内各该农村集体经济组织或者村民小组经营、管理；已经属于乡（镇）农民集体所有的，由乡（镇）农民集体经济组织经营管理。"《土地管理法》第 15 条规定："国有土地可以由单位或者个人承包经营，从事种植业、林业、畜牧业、渔业生产。"从《土地管理法》第 10 条和第 15 条规定看，林权主体包括乡（镇）农民集体、村集体经济组织、村民委员会、村民小组等农民集体组织、国家、单位和个人等。《森林法》第 29 条规定："国家根据用材林的消耗量低于生长量的原则，严格控制森林年采伐量。国家所有的森林和林木以国有林业企业事业单位、农场、厂矿为单位，集体所有的森林和林木、个人所有的林木以县为单位，制定年采伐限额，由省、自治区、直辖市林业主管部门汇总，经同级人民政府审核后，报国务院批准。"《森林法》第 30 条规定："国家制定统一的年度木材生产计划。年度木材生产计划不得超过批准的年采伐限额。计划管理的范围由国务院规定。"《森林法》第 31 条规定："采伐森林和林木必须遵守下列规定：（一）成熟的用材林应当根据不同情况，分别采取择伐、皆伐和渐伐方式，皆伐应当严格控制，并在采伐的当年或者次年内完成更新造林；（二）防护林和特种用途林中的国防林、母树林、环境保护林、风景林，只准进行抚育和更新性质的采伐；（三）特种用途林中的名胜古迹和革命纪念地的林木、自然保护区的森林，严禁采伐。"

现行林权主体法律规则存在以下一些缺陷。其一，严格限制了林权主体的处分权。其二，有些林权主体不具有独立的法律人格。如村民小组、自然村、农民集体等。其三，有些林地、森林及林木所有权主体不具有法人资格。如乡（镇）农民集体组织、自然村及村民小组。乡（镇）农民集体组织、村民委员会、自然村及村民小组等林权主体不具有独立法律人格，或不具有法人资格，所以有些林权只是纸上的林权，有些林权难以落到实处。其四，有些林权主体被排除在现行林权主体法律规则之外。如民族文化公益林的权利主体。其五，有些林权主体已经不存在了。如有些集体组织和有些企事业单位集体团体已经解散或破产了。

一方面，由于乡（镇）农民集体组织和自然村是第三民事主体，不是法人，所以乡（镇）农民集体组织、村民委员会及自然村等林权主体从事林业活动时，需要承担无限责任。因此，他们从事林业活动的成本高，实现林权的成本高，这对他们是不利的。另一方面，有些乡（镇）农民集体组织疏松、内部机构不全，尤其是缺乏有效的监督机构，这也增加了内部交易成本，由于自然村既不是行政组织，也不是经济组织，而是承担社会功能和生活功能的组织，也具有疏松性和分散性等特点，所以从事林业活动时，需要与分散的农民或农户谈判，农民流动性强，许多农民从事非农职业，这使其与农民或农户谈判的可能性减小，也增加了谈判的成本。另外，在"市场经济"的运行模式下，经济效益是一个组织成功与否的最重要的标准，林业生产经营主要以"农户"为单位，林业生产经营具有分散性、粗放型等特点，服务成本增高，服务对象变窄，如乡（镇）林业生产经营服务中间组织、乡（镇）林科所经济效益不高，或经济效益是负值，所以乡（镇）林科所先后解体。

有些农村的林地承包后，如笔者老家的林地与耕地一起承包给农户或个人或企业，许多地方的乡（镇）农民集体组织、自然村、村民小组和行政村的社会功能减弱。林地承包之前，人民公社具有很大的人事权，能够调动劳动力，在农忙季节，农民集体组织的农民归回到所在的生产大队或生产队支农，也可能被调配到其他的生产大队或生产队；林地承包之前，人民公社的"林科队"具有较强的经济功能和社会功能。如对先进的林业生产技术进行实验、示范和推广，并且从事林业生产技术创新研究，对农村社会功能明显减弱。随着许多乡镇企业的破产或解体或转制，随着城市经济发展，许多农民背井离乡，去城市打工、经商，使得农村出现一些"空村"现象，从而，自然村的经济功能和社会功能减弱。林地承包之前，生产队是农村生产的基本单位，也是农村实行"按劳分配"的基本单位，村民小组既具有人事权，又具有财产权，更具有财产分配权。由此可见，村民小组对农民的生产和生活的影响大，这说明村民小组具有很强的社会调控能力。林地承包之后，林地的所有权与承包经营权分离，村民小组仅享有林地所有权，村民小组也没有人事权、财产分配权和劳动分配权，一部分农民的家庭收入以非林业收入为主，也有一部分农民的家庭收入完全是非林业收入，所以与生产队比较而言，村民小组对农民的生产和生活的影响小，这意味着村民小组的经济调控能力和社会调控能力减弱；林地承包之前，生产大队（行政村）是农村生产的单位，具有财产权、人事权及财产分配权，具有很强的经济功能和社会功能。林地承包之后，行政村所有的林地减少，没有人事权、财产分配权，林地所有权也受到一定的限制，林地所有权的经济功能也没有体现，所以与生产大队比较而言，行政村的经济功能和社会功能减弱。

林地承包之后，行政村和村民小组的行政权力变小。林地承包之前，生产大队和生产队不但是林业生产单位，而且是基层行政机构。生产大队和生产队具有很大的行政权力，如生产大队和生产队不但具有财产分配权，而且具有人事权；林地承包之后，行政村和村民小组既不是林业生产单位，也不是基层行政机构，仅是农民自治组织，所以从应然的层面看，行政村和村民小组没有行政权，但是实际上，行政村和村民小组具有行政权，发达省份（直辖市）的城郊、城区的农村尤为突出。相比生产大队和生产队，行政村和村民小组的行政权力变小，尤其村民小组的行政权力更小。

二　林权主体法律规则的完善

（一）给予林权主体适当的处分权

由于现行林权主体法律规则对林权主体处分林权行为限制过于严格，所以林权主体开发和保护森林、林木的积极性被扼制。虽说林地、森林及林木具有很强的生态价值，但是，应该优先考虑他们的生存价值，在解决他们的生存之后，生态价值才能真正实现，在不违背生态价值的前提下，可以促使林地、森林及林木的发展价值的实现。林权主体拥有一定处分权是林地、森林及林木的生存价值及发展价值实现的前提条件。因此，给予林权主体适当的处分权。如可以采取以下具体措施让林权主体的处分权落到实处。在不破坏公益林的前提下，可以允许林权主体适当利用和开发公益林，简化林木采伐的程序和减少林木采伐的经济成本，适当提高退耕还林补偿金和公益林补偿金，完善退耕还林补偿金和公益林补偿金的发放机制，让退耕还林补偿金和公益林补偿金到达林权主体手中。

（二）确立林权主体的法律地位

明确乡（镇）农民集体组织、自然村及村民小组等林权主体的法律地位，制定相应的法律规则，把林地、森林及林木集体所有组织改造成具有独立法律人格的林地、森林及林木所有者。固然，此问题地解决存在理论上障碍和法律障碍，但是林权主体法律地位和法律人格的解决是林权法律规则能否实现林权法律价值的关键因素，所以应该解决它的理论障碍和法律障碍。我国有些学者对集体土地所有权主体制度和理论作了深入而系统的研究，特别是中南财经政法大学的高飞博士从不同层面对其进行探讨，以博士学位论文和专著的形式展现科研成果，博士学位论文《集体土地所有权主体制度研究》被评为2010年全国百篇优秀博士学位论文，是该年度法学类唯一的一篇获奖论文，该博士学位论文又以专著的形式于2012年2月在法律出版社出版。他的有些观点为林权主体法律规则的完善提供了理论依据。"从我国目前改革的思路和对制度的理性选择出发，改造农民集体，使之成为真正的所有权主体，既具有可接受性，也具有可行性，是唯一合理而现实的选择。"[1] "认为作为我国集体土地所有权之主体的农民集体不是非法人团体之一种，且亦不能对其以非法人团体形式予以构造。同时，以总有理论对集体土地所有权制度进行诠释和改造，仍然是赋予农民集体非法人团体的资格，不符合集体土地所有权的本质。因此，对农民集体予以法人制改造是集体土地所有权主体制度完善的现实路径，也是现行制度环境下的唯一选择。"[2]

（三）促使林权主体参与林地、森林及林木承包经营，树立其主体意识

虽然学者对于集体林地所有权主体的性质存在分歧，但是也形成了共

---

[1] 高飞：《集体土地所有权主体制度研究》，法律出版社2012年版，第237页。
[2] 同上。

识：集体林地所有权主体是由农民组合而成的民事主体。集体林地发包必须通过农民公共协商，农民具有发包集体林地的权利，如果因为客观原因而不能直接表达对集体林地发包的意思，他们可以委托他们所信赖的人参与集体林地发包事宜的协商和讨论，他们可以委托他们所信赖的人表达对集体林地发包的意思。然后，从现代民主理论的视角探讨林地发包程序法律规则正当性问题。商谈理论是现代民主理论一个重要理论，商谈理论是哈贝马斯影响现代民主和法治的一个重要理论，也是整合现代社会一个重要的方法论。根据哈贝马斯的商谈理论，商谈是法律的合法性（正当性）的根据，林地发包程序法律规则不符合商谈理论，因为一方面，它没有理想情境，另一方面，很多村民没有与承包方商谈，因此林地发包程序法律规则不具有合法性（正当性）。

第五节　林权客体和林权类型的法律规则

从理论上，林权客体决定了林权的分类，林权主体处分权实质上就是林权主体对林权客体的支配和控制状况，是影响林权主体处分权广度和深度的重要因子，是林权主体能否实现林权的一个极其重要的因素，所以说林权客体法律规则合理与否，完善与否，直接影响林权主体法律规则的合理与否和完善与否。同时，林权客体法律规则的合理与否和完善与否也直接影响林权流转法律规则、林权监管法律规则、公益林的法律规则及林权保护法律规则等林权法律规则合理与否和完善与否的关键要件，它也是嫁接林权主体法律规则与林权流转法律规则、林权监管法律规则、公益林的法律规则及林权保护法律规则等林权法律规则的桥梁。一言以蔽之，林权客体法律规则在林权法律规则中起着举足轻重的作用。虽然《森林法》、《森林法实施条例》、《农村土地承包法》及《土地管理法》等法律对林权客体和类型作了明确规定。但是由于对林权客体和林权类型的理论认识上的局限性，《森林法》和《森林法实施条例》的滞后性等原因，从而导致林权客体和林权类型法律规则存在一些缺陷。

一　林权客体和林权类型法律规则的缺陷

《森林法》第15条规定："下列森林、林木、林地使用权可以依法转让，也可以依法作价入股或者作为合资、合作造林、经营林木的出资、合作条件，但不得将林地改为非林地：（一）用材林、经济林、薪炭林；（二）用材林、经济林、薪炭林的林地使用权；（三）用材林、经济林、薪炭林的采伐迹地、火烧迹地的林地使用权；（四）国务院规定的其他森林、林木和其他林地使用权。依照前款规定转让、作价入股或者作为合资、合作造林、经营林木的出资、合作条件的，已经取得的林木采伐许可证可以同时转让，同时转让双方都必须遵守本法关于森林、林木采伐和更新造林的规定。除本条第一款规定的情形外，其他森林、林木和其他林地使用权不得转让。具体办法由国务院规定。"《森林法》第 32 条规定："采伐林木必须申请采伐许可证，按许可证的规定进行采伐；农村居民采伐自留地和房前屋后个人所有的零星林木除外。"《森林法实施条例》第 15 条规定："国家依法保护森林、林木和林地经营者的合法权益。任何单位和个人不得侵占经营者依法所有的林木和使用的林地。用材林、经济林和薪炭林的经营者，依法享有经营权、收益权和其他合法权益。防护林和特种用途林的经营者，有获得森林生态效益补偿的权利。"《森林法实施条例》第 27 条规定："国家保护承包造林者依法享有的林木所有权和其他合法权益。未经发包方和承包方协商一致，不得随意变更或者解除承包造林合同。"《森林法实施条例》第 33 条规定："利用外资营造的用材林达到一定规模需要采伐的，应当在国务院批准的年森林采伐限额内，由省、自治区、直辖市人民政府林业主管部门批准，实行采伐限额单列。"《农村土地承包法》第 2 条规定："本法所称农村土地，是指农民集体所有和国家所有依法由农民集体使用的耕地、林地、草地，以及其他依法用于农业的土地。"《土地管理法》第 11 条规定："确认林地、草原的所有权或者使用权，确认水面、滩涂的养殖使用权，分别依照《中华人民共和国森林法》、《中华人民共和国草原法》和《中华人民共和国渔业法》的有关规定办理。"《森林法》第 2 条规定："在中华人民共和国领域内从事森林、林木的培育种植、采伐利用和森林、林木、林地的经营管理活动，都必须遵守本法。"《森林法》第 4 条规定"森林分为以下五类：（一）防护林：以防护为主要目的的森林、林木和灌木丛，包括水源涵养林，水土保持林，防风固沙林，农田、牧场防护林，护岸林，护路林；（二）用材林：以生产木材为主要目的的森林和林木，包括以生产竹材为主要目的的竹林；（三）经济林：以生产果品，食用油料、饮料、调料，工业原料和药材等为主要目的的林木；（四）薪炭林：以生产燃料为主要目的的林木；（五）特种用途林：以国防、环境保护、科学实验等为主要目的的森林和林木，包括国防林、实验林、母树林、环境保护林、风景林，名胜古迹和革命纪念地的林木，自然保护区的森林。"《中共中央国务院关于全面推进集体林权制度改革的意见》规定："自然保护区、森林公园、风景名胜区、河道湖泊等管理机构和国有林（农）场、垦殖场等单位经营管理的集体林地、林木，要明晰权属关系，依法维护经营管理区的稳定和林权权利人的合法权益。林地承包经营权人可依法对拥有的林地承包经营权和林木所有权进行转包、出租、转让、入股、抵押或作为出资、合作条件，对其承包的林地、林木可依法开发利用。"《物权法》第58条规定："集体所有的不动产和动产包括：（一）法律规定属于集体所有的土地和森林、山岭、草原、荒地、滩涂；（二）集体所有的建筑物、生产设施、农田水利设施；（三）集体所有的教育、科学、文化、卫生、体育等设施；（四）集体所有的其他不动产和动产。"

　　林权客体和林权类型的法律规则存在以下一些缺陷。其一，对林权客体的规定不一致，也不完整。《森林法》将森林和林木规定为两种不同的权利客体，《森林法实施条例》第2条第2款还进一步规定：森林包括乔木林和竹林。林木包括树木和竹子。但是，根据《物权法》的规定，私有权的客体包括有森林，却未有林木，《农村土地承包法》只规定了林地和林木的承包经营，并没有规定森林的承包经营，《物权法》只明确规定了森林和山岭是集体所有的不动产，林地和林木是否是集体所有的不动产，它并没有明确规定。《土地管理法》也只规定了林地的承包经营。作为林地、森林和林木的特别法（专门法），《森林法》和《森林法实施条例》应该对林权客体和类型作出完整的规定。其二，《森林法实施条例》解释了森林的概念，但是其科学性令人质疑，所有的法律都没有对林地和林木的概念作出解释。法律概念是法律推理的前提，是维护权利、守法、执法及司法的必要条件，由于森林、林地和林木等概念不确定，势必导致林权法律规则的实施的困难，导致林权的权利得不到应有的维护。其三，所有法律都没有诠释林地、森林及林木三者之间的关系。由于没有对林地、森林及林木三者之间的关系解释，这就导致了集体林权制度改革实践中的困惑，也导致对林权法律规则的执法和司法的混乱。其四，所有的法律都没有对林权的类型作出完整的规定。《森林法》和《森林法实施条例》只规定了林地、森林和林木的所有权和使用权，《农村土地承包法》

只规定了林地和林木的承包经营权，《土地管理法》和《物权法》只规定了林地承包经营权。其实，林权包括以下一些类型：林地所有权、林地使用权、林地承包经营权、林地担保权、森林所有权、森林使用权、森林承包经营权、森林担保权、林木所有权、林木使用权、林木承包经营权及林木担保权。

二　林权客体和林权类型法律规则的完善

（一）对林权的客体作出完整的规定

应该在什么法律中完善林权客体的规定呢？在《森林法》和《森林法实施条例》等法律对林权的客体作出完整的规定，这比较合理。《森林法》和《森林法实施条例》是林地、森林和林木的特别法（专门法），在《森林法》和《森林法实施条例》中完善林权客体，这既符合立法原理，又促进林权法律规则体系化，也节约立法成本和司法成本。

（二）对森林、林地和林木等概念作出科学的解释

《森林法》和《森林法实施条例》应该对森林、林地和林木等概念作出科学的解释，便于权利人、义务人、执法机关和司法机关正确认识它们，从而便于林权法律规则的实施。同时，《森林法》和《森林法实施条例》应该科学诠释林地、森林及林木三者之间的内在关系，便于更好地处理三者的关系，为执法机关和司法机关解决林权纠纷疑难案件提供依据。

（三）应该对林权进行类型化规定

《森林法》和《森林法实施条例》应该把《农村土地承包法》、《土地管理法》及《物权法》中林权的一些类型，按照"林地→森林→林木"的路径对林权进行类型化，林权包括以下一些类型：林地所有权、林地使用权、林地承包经营权、林地担保权、森林所有权、森林使用权、森林承包经营权、森林担保权、林木所有权、林木使用权、林木承包经营权及林木担保权，并对这些不同类型的林权作出解释，界定它的内涵和外延。《担保法》应该补充规定林地担保权、森林担保权及林木担保权。

第六节　林权流转法律规则和法律政策

一　林权流转法律规则和法律政策的缺陷

《农村土地承包法》第 37 条规定："土地承包经营权采取转包、出租、

互换、转让或者其他方式流转，当事人双方应当签订书面合同……采取转包、出租、互换或者其他方式流转的，应当报发包方备案。"最高人民法院的《土地承包解释》第 13 条规定："承包方未经发包方同意，采取转让方式流转其土地承包经营权的，转让合同无效。但发包方无法定理由不同意或者拖延表态的除外。"《农村土地承包法》第 49 条规定："通过招标、拍卖、公开协商等方式发包承包农村土地，经依法登记取得土地承包经营权证或者林权证等证书的，其土地承包经营权可以依法采取转让、出租、入股、抵押或者其他的方式流转。"《担保法》第 37 条第 2 项规定："下列财产不得抵押：（一）土地所有权；（二）耕地、宅基地、自留地、自留山等集体所有的土地使用权，但本法第三十四条第（五）项、第三十六条第三款规定的除外；（三）学校、幼儿园、医院等以公益为目的的事业单位、社会团体的教育设施、医疗卫生设施和其他社会公益设施；（四）所有权、使用权不明或者有争议的财产；（五）依法被查封、扣押、监管的财产；（六）依法不得抵押的其他财产。"最高人民法院的《土地承包解释》第 15 条规定："承包方以土地承包经营权进行抵押或者抵偿债务的，应当认定无效。"《物权法》第 184 条规定："下列财产不得抵押：（一）土地所有权；（二）耕地、宅基地、自留地、自留山等集体所有的土地使用权，但法律规定可以抵押的除外；（三）学校、幼儿园、医院等以公益为目的的事业单位、社会团体的教育设施、医疗卫生设施和其他社会公益设施；（四）所有权、使用权不明或者有争议的财产；（五）依法被查封、扣押、监管的财产；（六）法律、行政法规规定不得抵押的其他财产。"

以上有关林权流转法律规则存在以下一些缺陷。其一，现行林权流转法律规则对于不同方式承包的林地承包经营权的流转采取完全不同的态度，即对于家庭方式承包的林地不能转让和抵押，对于以其他方式承包的林地可以转让和抵押。其根本理由是以家庭方式承包的林地和林木是农民的"命根子"，如果允许转让和抵押，那么农民有可能失去林地，从而导致农村的不稳定。问题是，资金是林业发展的根基，融资是解决林区发展的一个重要渠道，财产抵押是金融机构贷款给农民的前提条件，林地承包经营权是农民的重要不动产，不准林地承包经营权抵押，这意味着断绝了农民发展林业的资金来源。另外，林地承包经营权具有福利性，有些农民的收入来源是非林业收入，而是来源于其他职业收入，他们也没有时间和精力经营管理林地，不准转让林地承包经营权，一方面人为剥夺了他们的福利权；另一方面，可能使林地得不到充分的开发和利用。其二，自留林地的使用权（林地承包经营权）和集体林地使用权不能抵押。一方面，自留林地承包经营权纯粹是福利权，它应该具有完全的处分权，即自留林地承包经营权人应该有权利处分自己的权利。不准自留林地的使用权（林地承包经营权）和集体林地使用权抵押与"物尽其用"物权法原理相左。另一方面，一定规模的林地是林业发展的基石，林地细碎和零散是林地承包以后的一个经济问题，林地承包经营权的流转是解决林地规模化经营的手段，而林业具有"投资周期长，见效慢"的特点，林地承包经营权流转能够弥补"林业投资周期长，见效慢"的缺陷。然而，没有资金保障，林地规模化经营也是"空中楼阁"而已，林地承包经营权抵押贷款是一个融资的根本方法。其三，有些林权流转方式的程序不合理。如《农村土地承包法》第37条所规定的"土地承包经营权采取转包、出租、互换等方式流转，当事人双方应当签订书面合同……采取转包、出租、互换等方式流转的，应当报发包方备案"是不合理的，其理由参见曹务坤的专著。①

对于全家由农村户口变成非农村户口的林地承包经营权是否要收回，现行法律并没有规定。然而，《农村土地承包法》对于全家由农村户口变成非农村户口的耕地和草地承包经营权是否要收回，作了明确规定。此规定是不合理的，这也是林权流转法律规则的一个缺陷。《农村土地承包法》第26条第3款规定："承包期内，承包方全家迁入设区的市，转为非农业户口的，应当将承包的耕地和草地交回发包方。承包方不交回的，发包方可以收回承包的耕地和草地。"现行法律对林地承包经营权和耕地承包经营权及草地承包经营权的是否收回采取完全不同的态度，这是不合理的。其理由如下。是否参照《农村土地承包法》第26条第3款的规定？不能完全参照《农村土地承包法》第26条第3款的规定，因为《农村土地承包法》第26条第3款的规定不合理，在司法实践存在困惑，也导致司法实践不统一的现象，进而言之，对小城镇与社区的市界定标准存在争议，即对其存在三种不同的观点：严格界定说、目的限制说和目的依据说。对耕地承包经营权和草地承包经营权收回的标准不一致。"严格界定说是建立在严格的概念区分上，但实际上，小城镇与设区的市本身概念及其界定相当混乱。小城镇与设区的市本身的概念瑕疵，其也脱离法律目的

---

① 曹务坤：《农村土地承包经营权流转研究》，知识产权出版社2007年版，第167—171页。

现象。将土地承包经营权的命运完全维系于小城镇与设区的市的形式区分上，而忽略概念的历史性，忽略小城镇概念所蕴含的价值负荷的变化。目的限制说显然在一定程度上修正了严格界定说的缺陷，在立足将小城镇的社会保障类型化的基础上，对之进行目的性控制。然而，当目的限制说试图缓和严格界定说过于追求概念形式的区分的缺陷而引入价值考量的时候，又因该标准的形式无法容纳因为价值考量带来的类型化，而导致概念的形式与价值的内在紧张甚至互为否定的关系。目的依据说将第 26 条第 3 款中土地承包经营权收回的构成要件维系于是否在迁入地享受健全的社会保障待遇的设计显然比维系于小城镇与设区的市之标准更能处理好所负荷的功能，也更能体现法律规定意旨，因此，它可以很好地解决概念以及负荷在上面的价值的矛盾，两者的契合达到了极致。"① "《农村土地承包法》第 41 条却以'转让'方式规定进行流转的承包方须有稳定的非农职业或者有稳定的收入来源，《农村土地承包经营权流转管理办法》（农业部令第 47 号）第 35 条第 1 款也作了同样规定。《国家林业局关于进一步加强和规范林权登记发证管理工作的通知》（林资发［2007］33 号）则把'没有稳定的非农职业或者没有稳定的收入来源的农户，将通过家庭承包取得的林地承包经营权转让给其他从事农业生产的农户'列为不予登记发证的情形之一。"② "笔者通过调研发现，在林区、非农产业经营者、国有企事业单位人员，甚至政府公务员通过流转投资林业十分普遍。"③

"地方规范关于集体林地流转范围的规定差异也很大，主要有三种情况。一种情况如江西省、福建省、浙江省、黑龙江和云南省等省的林地流转地方法规与《森林法》的规定一致，在可以流转的林地中没有规定防护林和特种用途林或生态公益林。再一种情形如《四川省林权流转管理试行办法》，则直接规定防护林、特种用途林或生态公益林。再一种情形是在不改变公益林的性质下，允许公益林的林地使用权流转，其与《国家林业局关于切实加强集体林权流转管理工作的意见》保持一致。《湖南省林业资源流转办法》允许经县级以上人民政府批准，在不改变公益林的性质

---

① 金枫梁：《农村土地承包法第 26 条法律漏洞之补充——小城镇与设区的市界定标准的检讨》，《甘肃政法学院学报》2012 年第 3 期。

② 巩固：《林改背景下林权流转的法律障碍及其撤除》，《华东政法大学学报》2011 年第 5 期。

③ 同上。

的前提下，享有生态效益补偿权的生态公益林是可以流转的，但是对没有享受到生态补偿的公益林没有管制限制。"① "地方规范对林地流转受让方的资格要求参差不齐。《湖南省林业资源流转办法》和《河南省关于征求集体林权流转管理办法（征求意见稿）》鼓励各种社会主体参与林地流转，并保护其依法取得的权利。《四川省林权抵押贷款管理试行办法》要求参与林地流转的国内主体具有民事行为能力，外商具有身份和资信证明。《中共安徽省委安徽省人民政府关于全面推进集体林权制度改革的意见》明确提出鼓励和支持各类社会主体发展林业，但是国家党政机关及其工作人员可以义务植树，不可以投资造林，外国投资者可以投资造林和兴建商品林基地和产品加工基地。《江西省森林资源转让条例》、《福建省林木林地权属争议处理条例》、《浙江省林权流转和抵押管理办法》和《黑龙江省林木及林地权属登记管理试点办法》没有规定林地流转转让方的条件。"② 《贵州省森林林木林地流转条例》第 2 条规定："森林、林木、林地流转是指森林、林木的所有权人、使用权人或林地的使用权人，在不改变林地所有权性质和用途，依法将森林、林木的所有权、使用权或者林地使用权的全部或部分转移给他人的行为。"《贵州省森林林木林地流转条例》第 10 条规定："森林、林木、林地权属明确，并依法取得国家统一式样林权证书的，可以依法流转。但自然保护区内核心区、缓冲区的森林、林木、林地不得流转。"《贵州省森林林木林地流转条例》第 13 条规定："森林、林木、林地的流转可以采取承包、转包、互换、转让、出租、抵押、合资合作等方式。自留地、自留山的林地使用权不得抵押、转让。国有森林、林木、林地的流转，应当依法采用承包、转包、出租、合资合作的方式，并在依法设立的流转管理服务机构中按照有关法律、法规规定的程序进行。集体经济组织或者村民委员会统一经营管理的森林、林木、林地的流转，应当依法采取承包、转包、出租、抵押、合资合作的方式。"《贵州省森林林木林地流转条例》第 16 条规定："个人依照本条例流转森林、林木、林地，当事人签订的流转合同应当报所在地集体经济组织或者村民委员会备案，但采取转让方式流转林地使用权的，还应当经发

① 杜群、王兆平：《集体林权改革中林地流转规范的冲突与协调》，《江西社会科学》2010年第 10 期。

② 同上。

包的集体经济组织或者村民委员会同意。"《贵州省森林林木林地流转条例》第 25 条规定："有下列情形之一的,不予办理林权变更登记:(四)设定抵押权的森林、林木、林地的流转,未经抵押权人书面同意的;(五)贷款造林的森林、林木、林地的流转,未经贷款人书面同意的;"

现行有关林权流转方面的地方法规存在以下缺陷。其一,不同省份的林权流转的法规对林权流转的态度和规定差异大。江西省、福建省、浙江省、黑龙江和云南省等省的林地流转地方法规与《森林法》的规定一致,在可以流转的林地中没有规定防护林和特种用途林或生态公益林,《湖南省林业资源流转办法》允许生态公益林承包经营权流转,《贵州省森林林木林地流转条例》规定,森林、林木、林地权属明确,并依法取得国家统一式样林权证书的,可以依法流转。但自然保护区内核心区、缓冲区的森林、林木、林地不得流转。其不利后果是法律规则的统一性、稳定性和权威性受到挑战。其二,林权流转地方法规的名称千差万别,各省规范林权流转的法规形式也不同,有些省份是以"办法"的形式,有些省份是以"条例"的形式,如《江西省森林资源转让条例》、《福建省林木林地权属争议处理条例》、《浙江省林权流转和抵押管理办法》和《黑龙江省林木及林地权属登记管理试点办法》、《湖南省林业资源流转办法》、《贵州省森林林木林地流转条例》等。其三,各省份制定的林权流转法律规则中对各种不同类型的林权的界定和称呼存在差异,对林权流转方式的表述也存在差异,有些省份的林权流转法律规则中对有些类型的林权的界定,对林权流转的某些方式的陈述是错误的。其四,所有省份的林权流转规则都没有对所有的林权流转作相应的规定。其五,有些省份虽然制定了有关林权流转方面的配套法规,但是,其林权流转配套法规的有些规定并不合理。如林权抵押贷款的利率太高,是一般业务贷款利率的两倍左右,对林权估价太低;过分强调林业规模化经营,有些林权流转配套法规规定,当地政府为林业经营大户提供贷款担保,承包经营林地、林木和森林时,应该向林业经营大户倾斜等。

二 林权流转法律规则和法律政策的完善

(一)修改林地承包经营权、自留地使用权和集体林地使用权转让和抵押的规定,修改有些林地承包经营权流转程序规定

修改家庭方式承包的林地转让和抵押的规定,修改自留林地的使用权

（林地承包经营权）和集体林地使用权抵押的规定，修改不合理的林地承包经营权流转规定。把《农村土地承包法》第37条的规定："土地承包经营权采取转包、出租、互换、转让或者其他方式流转，当事人双方应当签订书面合同……采取转包、出租、互换或者其他方式流转的，应当报发包方备案。"修改为："土地承包经营权采取入股、抵押、转让或者其他方式流转，当事人双方应当签订书面合同……入股、抵押、转让或者其他方式流转的，应当报发包方备案。"把最高人民法院的《土地承包解释》第13条规定："承包方未经发包方同意，采取转让方式流转其土地承包经营权的，转让合同无效。但发包方无法定理由不同意或者拖延表态的除外。"修改为："承包方未经发包方同意，采取转让方式流转其土地承包经营权的，转让合同有效。"把《担保法》第37条第2项规定："下列财产不得抵押：（一）土地所有权；（二）耕地、宅基地、自留地、自留山等集体所有的土地使用权，但本法第三十四条第（五）项、第三十六条第三款规定的除外；（三）学校、幼儿园、医院等以公益为目的的事业单位、社会团体的教育设施、医疗卫生设施和其他社会公益设施；（四）所有权、使用权不明或者有争议的财产；（五）依法被查封、扣押、监管的财产；（六）依法不得抵押的其他财产。"修改为："下列财产不得抵押：（一）土地所有权；（二）学校、幼儿园、医院等以公益为目的的事业单位、社会团体的教育设施、医疗卫生设施和其他社会公益设施；（三）所有权、使用权不明或者有争议的财产；（四）依法被查封、扣押、监管的财产；（五）依法不得抵押的其他财产。"把最高人民法院的《土地承包解释》第15条规定："承包方以土地承包经营权进行抵押或者抵偿债务的，应当认定无效。"修改为："承包方以土地承包经营权进行抵押或者抵偿债务的，应当认定有效。"把《物权法》第184条规定："下列财产不得抵押：（一）土地所有权；（二）耕地、宅基地、自留地、自留山等集体所有的土地使用权，但法律规定可以抵押的除外；（三）学校、幼儿园、医院等以公益为目的的事业单位、社会团体的教育设施、医疗卫生设施和其他社会公益设施；（四）所有权、使用权不明或者有争议的财产；（五）依法被查封、扣押、监管的财产；（六）法律、行政法规规定不得抵押的其他财产。"修改为："下列财产不得抵押：（一）土地所有权；（二）学校、幼儿园、医院等以公益为目的的事业单位、社会团体的教育设施、医疗卫生设施和其他社会公益设施；（三）所有权、使用权不明或者有争议的财产；（四）依法被查封、扣押、监管的财产；（五）法律、行政法规规定不得抵押的其他财产。"

（二）完善各省制定的林权流转法规

从宏观层面看，一方面，各省有关部门应该组织专家深入而系统研究林权本体论和林权流转理论，如研究林权的性质、类型、体系化等，研究林权流转的方式和模式等，深入农村调研林权流转现状及存在的问题，研究《森林法》、《森林法实施条例》、《农村土地承包经营流转管理办法》及林权流转方面的中央、国务院所制定的法律政策，尤其要研究这些法律原则和法律政策精神，从而不至于各省所制定的林权流转地方法规的差异大，同时，使林权流转地方法规合理和科学。另一方面，国家有关部门应该监督地方林权流转方面的法规的制定，监督其是否符合法律原则和法律政策精神。从微观层面看，各省有关林权流转的法规名称应该统一，应该规范和合理，能够真实反映林权流转的核心内容，协调各省林权流转方面的法规的冲突。

（三）完善林权流转配套法规

确立"林权流转市场化"的原则。地方林权流转法律规则机制的重要缺陷是"林权流转行政化"原则，应确立和遵循"林权流转市场化"原则。纵观地方林权流转方面法规，蕴含着较强的行政意识，架构了林权行政运行的机制。"在土地承包经营权抵押贷款试点成功的范例中，各地政府都起着举足轻重的作用，一方面是政府通过政策形势对抵押制度从宏观上的放开；另一方面体现在促进建立相应的确权登记机构、土地产权交易所、设立相应的政策投资担保公司以及取消农村户籍限制、将农村居民的土地统筹与社会保障挂钩等方面，以全面保障抵押贷款的可行性。大致说来，地方政府在土地承包经营权抵押试点过程中扮演了两个角色，一是试点政策的制定者角色，二是市场辅佐人角色。"[①] "2010年底，成都开始试行农村土地承包经营权抵押贷款制度，崇州市为试点之一，仅2010年12月，成都市共实现了四笔土地承包经营权抵押贷款。同时，成都市温江区也正在开展以土地承包经营权抵押和个人信用担保的抵押贷款模式，而成都市浦江县的万亩猕猴桃果园的成功更离不开土地承包经营权抵

---

① 唐薇、吴越：《土地承包经营权抵押的制度"瓶颈"与制度创新》，《河北法学》2012年第2期。

押和成都市设立的政策投资担保公司联合担保抵押贷款。此外，重庆市江津牌坊村的承包经营权抵押个案也具有典型性。2005 年，重庆市江津牌坊村成立了以农户 308 亩土地承包经营权及万株果苗评估作价入股的仁伟果业有限责任公司，由江津市政府成立的担保公司向国开银行担保、仁伟公司则以其股权作为抵押向担保公司提供反担保，获得银行贷款 60 万元。"①《贵州省森林林木林地流转条例》第 18 条规定："国有森林、林木、林地的流转应当进行森林资源资产评估，并经本单位职工大会或者职工代表大会三分之二以上成员讨论通过后，按照管理权限报县级以上人民政府林业行政主管部门批准后方可流转。"《贵州省森林林木林地流转条例》第 20 条规定："县级以上人民政府设立的森林、林木、林地流转交易服务机构，应当建立流转信息库，及时公布流转信息，指导和办理流转手续，为当事人提供业务咨询。流转当事人有权查询、复制与其流转相关的登记资料，流转交易服务机构应当提供便利，不得拒绝或者限制。"林权流转中心就是林业主管部门牵头设立，其人员主要是林业主管部门的工作人员，就是所谓的"一班人马，两块牌子"而已。《2012 年进一步推进我省集体林权制度改革的指导意见》（黔林宣通［2012］65 号）规定："（四）林权管理服务中心标准化建设试点工作：1. 加强机构队伍建设。林权管理是一个基础性的长期性工作，应有固定办公地点，明确人员编制，落实办公经费，要在整合林权管理办、纠纷调处办、林改办等机构的基础上建立林权管理服务中心或者两块牌子，统一称谓为'××县林权管理服务中心'，作为林业局内设全额拨款事业单位，原则上从事业务的人员不得少于 10 名，工作人员应具备与其岗位相适应的专业知识。2. 加强管理制度建设。要建立健全内部管理制度，实行定岗、定员、定责。做到制度上墙，责任到人。完善对外服务制度，建立首问责任、一次性告知、服务承诺、限时办理、跟踪服务、工作督办、责任追究等制度。3. 加强服务窗口建设。要按照'以人为本、管理规范、服务社会、争创一流'的工作目标，统一窗口服务标准，实现服务标准化、制度化、规范化。办公场所要在醒目位置公布服务内容、办事程序、业务流程、收费标准、承诺时限、办事值班等，要设置举报箱，公布投诉电话，方便群众监督，要

---

① 唐薇、吴越：《土地承包经营权抵押的制度"瓶颈"与制度创新》，《河北法学》2012 年第 2 期。

建立机构管理服务中心网站，网上公布信息并及时更新。"

确立"林权流转市场法规机制"具有必然性。确立"林权流转市场法规机制"原则具有必然性包含两层含义：确立"林权流转市场法规机制"原则具有必要性，确立"林权流转市场法规机制"原则具有可能性。首先探讨确立"林权流转市场法规机制"原则的必要性。其一，市场经济与法治具有内在关联性。法治是实现市场经济的根本保障，市场经济也为法治的实现提供了必要性。林权流转属于经济现象，属于经济领域交易问题，市场经济所解决的经济领域交易问题，即通过交易双方根据需求和交易对象的使用价值和交换价值的动态对应而决定。其二，王颜齐、郭翔宇从实证的层面论述了中介组织参与林地承包经营权流转的必要性。"（1）中介组织参与土地承包经营权流转会增加农户预期固定收益。当农业企业趋近风险中性时，农业企业单边交易费用的节约将由己方转至农户一方，同时，农户单边交易费用在集中交易和双边交易间存在节约，两者共同导致农户固定收益产生影响。当农业企业趋近风险中性时，在双边交易和集中交易两种方式下预期收益相当。当农业企业风险规避性增加时，选择土地集中交易方式会使农业企业预期收益增加。（2）中介组织参与土地承包经营权流转会增加社会产出：当中介组织努力为正时，会激励农业企业在集中交易合约下努力程度的提高，从而促进产出增量。"①

然后，探讨确立"林权流转市场法规机制"的可能性。其一，国内外的经济交易方面的法律理论和法规提供依据。其二，有些林权主体具有流转林权的意愿，有些法律主体具有受让林权的需求。"家庭人口数（X7）在5%的水平上显著，且系数为负，这表明家庭人口越多的林农越不愿意流转出林地。土壤产量（X10）的系数在5%的水平上显著，表明林地坡度和水土流失情况是土壤产量对林地流转意愿的调节变量，且调节效果为负，这表明由于林地坡度越大或者水土流失越严重而导致产量低的林地，林农流转林地的意愿越高。"② "对林地流转政策是否了解（X17）与其流转意愿在10%的水平上具有显著关系，这说明林农对林地流转政

---

① 王颜齐、郭翔宇：《土地承包经营权流转：双边交易与集中交易》，《农业技术经济》2011年第10期。

② 李彧挥、方苑、陈亮：《林农流转出林地意愿的影响因素分析——以湖南省安化县为例》，《江汉论坛》2012年第2期。

策越了解，其进行林地流转过程中遇到的阻力就越小，相应的成本也会减少，增加其流转林地的预期收入，因此其更愿意流转出林地。"①

　　林权流转配套方面的法规的范围广泛，如包括林权流转机制法规，林权流转中心机制是林权流转机制法规的核心内容，应该促使、鼓励林权流转中心机制的建构，切勿通过行政的方式强求建立林权流转中心机制，政府只是提供林权流转中心机制建构的有关条件。林权流转中心机制的建构是由林权流转的总量所决定的，现在不少基层政府的有关林权流转管理部门都建立了林权流转中心，实际上是浪费资源，因为有些地方的林权流转中心无人问津，其原因是林权流转总量少，最根本的原因是林权流转一般是在熟人之间进行，林权流转具有乡土性和熟人圈子性。林权融资法规是林权流转配套方面的重要法规。林权融资法规中最大的问题乃是林权抵押评估价值太低，林权贷款利率太高。其原因是多方面的，其中几个重要原因：一是林业产业投资周期长；二是林业产业的自然风险大；三是采伐林木的法律风险大，对林木采伐的规定过于苛刻，林木采伐审批程序复杂；四是有关法律对商业银行从事业务的限制，这导致他们实现林权抵押权具有一定的法律障碍。用一句话说，林权流转配套方面的法规完善并非朝夕工夫，是一个系统工程。

第七节　林权监管法律规则

一　土地管理法律理论

（一）土地管理法律的概念

　　根据西方法哲学家哈特的观点，法律由法律规则和法律原则构成，依据德沃金的观点，法律也包括了政策。土地是个人、社会和国家生存之本，我国的政策在土地利用和管理中，发挥了很大的作用，所以笔者认为，不管是从应然的层面看，还是从实然的层面看，我国土地管理法律包括了土地管理法律规则、土地管理法律原则和土地管理法律政策。

　　根据《土地管理法》、《土地管理实施细则》、《土地管理实施条例》、

————————

① 李彧挥、方苑、陈亮：《林农流转出林地意愿的影响因素分析——以湖南省安化县为例》，《江汉论坛》2012年第2期。

《物权法》、《农村土地承包法》、《森林法》、《草原法》及《矿产资源法》等法规和有关土地利用和管理方面的政策的规定，可以提炼"土地管理法律"这一概念。所谓"土地管理法律"是指规制土地的权利（权力）的变动、救济及土地管理的法规和政策。

（二）土地管理法律规则的特征

土地管理法律制度具有以下一些主要特征。其一，土地管理法律制度是"法规束"和"政策束"，即土地管理法律制度是由《土地管理法》、《土地管理实施细则》、《土地管理实施条例》、《物权法》、《农村土地承包法》、《森林法》、《草原法》及《矿产资源法》等法规和一系列土地政策构成。其二，土地管理法律具有公法和私法的双重性。土地是个人、社会和国家生存和发展的基础，是最重要的不动产，是影响经济发展、社会稳定及生存环境的重要因子，因此，各国的公法和私法从不同方面规制土地，确定土地权利归属，提高土地利用效率。土地权利归属、农村土地承包经营权的流转乃是私权问题，土地征收和征用、土地权利变动的监管便是公权问题。其三，土地管理法律具有实体法和程序法的双重性。土地所有权主体和土地用益物权主体的确定、土地权利主体的权利和义务、土地管理者的权利和义务等属于实体法，土地权利变动形式及土地权利的救济属于程序法。

（三）土地管理法律原则

所谓土地法律原则是指土地法律规范和政策的原理、准则或指导思想。虽然现行土地管理法律并没有对有些原则作出明确规定，但是实际上，现行土地管理法律蕴含了诸多原则。根据法律关系的要素不同，可以把土地管理法律原则分为土地主体法律原则、土地客体法律原则和土地内容法律原则；根据权利变动形式不同，可以把土地管理法律原则分为土地权利取得法律原则、土地权利变更法律原则和土地权利消灭法律原则；根据性质不同，可以把土地管理法律原则分为土地管理法律技术原则和土地管理法律价值原则；依据土地价值不同，可以把土地管理法律原则分为土地生存法律原则、土地生态法律原则和土地发展法律原则；依据内容不同，可以把土地管理法律分为土地管理实体法律原则和土地管理程序法律原则。

二　林权管理法律规则的缺陷

《森林法》第16条规定："各级人民政府应当制定林业长远规划。国有林业企业事业单位和自然保护区，应当根据林业长远规划，编制森林经营方案，报上级主管部门批准后实行。林业主管部门应当指导农村集体经济组织和国有的农场、牧场、工矿企业等单位编制森林经营方案。"《森林法实施条例》第 16 条规定："勘查、开采矿藏和修建道路、水利、电力、通讯等工程，需要占用或者征用林地的，必须遵守下列规定：（三）用地单位需要采伐已经批准占用或者征用的林地上的林木时，应当向林地所在地的县级以上地方人民政府林业主管部门或者国务院林业主管部门申请林木采伐许可证。"《森林法实施条例》第 17 条规定："需要临时占用林地的，应当经县级以上人民政府林业主管部门批准。临时占用林地的期限不得超过两年，并不得在临时占用的林地上修筑永久性建筑物；占用期满后，用地单位必须恢复林业生产条件。"《贵州省森林林木林地流转条例》第 22 条规定："流转森林、林木、林地的，应当到所在地县级以上人民政府林业行政主管部门办理林权变更登记，并提交以下材料：（一）变更登记申请书；（二）国家统一式样的林权证书；（三）流转合同。流转国有森林、林木、林地的，还应当提交县级以上人民政府林业行政主管部门同意流转的批准文件。流转集体经济组织或者村民委员会统一经营管理的森林、林木、林地的，还应当提交本集体经济组织成员的村民会议三分之二以上成员或者三分之二以上村民代表同意的决议。流转共有或者合资合作经营的森林、林木、林地的，还应当提交共有人或者合资合作各方同意的书面材料。"《贵州省森林林木林地流转条例》第 27 条规定："森林资源资产评估报告书自评估基准日起 1 年内有效，国家政策发生重大变动或者当事人另有书面约定的除外。超过 1 年后流转的，应当重新进行森林资源资产评估。"《农村土地承包法》第 11 条规定："国务院农业、林业行政主管部门分别依照国务院规定的职责负责全国农村土地承包及承包合同管理的指导。县级以上地方人民政府农业、林业等行政主管部门分别依照各自职责，负责本行政区域内农村土地承包及承包合同管理。乡（镇）人民政府负责本行政区域内农村土地承包及承包合同管理。"《农村土地承包法》第 37 条规定："土地承包经营权采取转包、出租、互换、转让或者其他方式流转，当事人双方应当签订书面合同"；《农村土地承包法》第 48 条规定："发包方将农村土地发包给本集体经济组织以外的单位或者个人承包，应当事先经本集体经济组织成员的村民会议 2/3 以上成员或者 2/3 以上村民代表的同意，并报乡（镇）人民政府批准。"《农村土地承包法》第 27 条规定："承包期内，因自然灾害严重毁损承包地等特殊情形对个别农户之间承包的耕地和草地需要适当调整的，必须经本集体经济组织成员的村民会议 2/3 以上或者 2/3 以上村民代表的同意，并报乡（镇）人民政府和县级人民政府农业等行政主管部门批准。承包合同中约定不得调整的，按照其约定。"《土地管理法》第 10 条规定："农民集体所有的土地依法属于村农民集体所有的，由村集体经济组织或者村民委员会经营、管理；已经分别属于村内两个以上农村集体经济组织的农民集体所有的，由村内各该农村集体经济组织或者村民小组经营、管理；已经属于乡（镇）农民集体所有的，由乡（镇）农民集体经济组织经营、管理。"《土地管理法》第 14 条规定："在土地承包经营期限内，对个别承包经营者之间承包的土地进行适当调整的，必须经村民会议三分之二以上成员或者三分之二以上村民代表的同意，并报乡（镇）人民政府和县级人民政府农业行政主管部门批准。"《土地管理法》第 15 条规定："农民集体所有的土地由本集体经济组织以外的单位或者个人承包经营的，必须经村民会议三分之二以上成员或者三分之二以上村民代表的同意，并报乡（镇）人民政府批准。"《土地管理法》第 37 条规定："承包经营耕地的单位或者个人连续二年弃耕抛荒的，原单位应当终止承包合同，收回发包的耕地。"

现行法律规则对勘查、开采矿藏和修建道路、水利、电力、通讯等工程，需要占用或者征用林地作了规定，对临时占用林地的行为作了规定。这些规定也存在一些问题。其一，勘查、开采矿藏和修建道路、水利、电力、通讯等工程公司征用林地，实质上，不但林地权主体已经变更了，而且林地权的性质发生变更，即林地已经变为工业用地了；林地上的林木的权利主体已经发生了变更，林地上的林木的性质发生了变更，从法律意义上，即林木的生态价值已经消失，林木仅有生存价值和发展价值。办理林木采伐许可证的目的有二个。一是为了生态保护，二是为了国家的税收。林地已被征用，林地和林木的生态价值不存在，至于国家的税收应该在征用林地时交纳。按照以上的规定，只能增加征用林地的公司的成本，实属不必要。其二，对于临时占用林地的期限为两年，这也存在不合理的一面。固然，这样的规定有合理的一面，促使临时占用林地的当事人加快工程进度，不损害林木，不破坏生态环境，但是有些国家重点工程周期长，在两年内无法完成，如果强行不准占用林地，那么由此造成的损失太大。另外，临时占用的工程公司也是希望工程尽快完成，因为延长工期将增加成本。

现行法律规则对林权流转监管的规定不合理。流转国有森林、林木、林地的，还应当提交县级以上人民政府林业行政主管部门同意流转的批准文件。流转集体经济组织或者村民委员会统一经营管理的森林、林木、林地的，还应当提交本集体经济组织成员的村民会议三分之二以上成员或者三分之二以上村民代表同意的决议。流转共有或者合资合作经营的森林、林木、林地的，还应当提交共有人或者合资合作各方同意的书面材料。森林资源资产评估报告书自评估基准日起1年内有效，国家政策发生重大变动或者当事人另有书面约定的除外。超过1年后流转的，应当重新进行森林资源资产评估。

现行法律规则对林地承包经营监督主体、监督方式及监督的项目等方面作了一些规定，从现行林地承包经营监督法律规则的规定看，林地承包经营监督主体采取了"以基层政府监督为主，集体经济组织监督为辅"模式，林地承包经营监督采取了"以基层政府实质审查为主，形式审查为辅"的模式。现行林地承包经营的监督模式存在不合理。其一，现行林地承包经营监督效果不佳。例如，湖南、江西、安徽等省份的林地"抛荒"现象严重，在许多农村社区，集体所有的荒山发包给本集体经济组织之外的单位和个人并没有报乡（镇）政府批准，在许多农村社区，承包地的调整并没有报乡（镇）人民政府和县级人民政府农业行政主管部门批准。其二，农村土地承包经营属于私法问题，自治是私法的一个重要特征，林地承包经营权是用益物权，它属于私权，自由是私权的本质属性，然而，从现行林地承包经营监督模式看，把林地承包经营视为了公法问题和公权。其三，现行林地承包经营监督法律规则使农村的基层行政权力膨胀更为严重，也使基层政府可以以监督为名，任意侵害林地承包经营权，更使基层政府的一些干部与商人勾结"圈地"。其四，现行林地承包经营监督模式加重了基层政府的负担。监督林地承包经营需要大量的人力、物力和财力，这使有些地方债务繁重的基层政府雪上加霜。其五，现行林地承包经营监督模式对基层人民政府的信用度有负面影响。在农民心目中，基层人民政府信用度低，这是不争的事实，农村群体突发事件跟基层政府信用度低之间存在内在关联性。按照现行林地承包经营监督模式，基层政府监督林地承包经营的任务繁重，也需要大量的物力和财力，有不少基层政府的财政本来就困难，另外，从经济学的角度看，监督林地承包经营没有经济效益，所以不少基层政府无法或者不愿意监督林地承包经营，进而言之，基层政府对林地承包经营监督效果不好，而监督林地承包经营是基层政府的法定承诺，基层政府对林地承包经营监督的效果不好，这意味着基层政府没有实现法定承诺。

三　林权监管法律规则的完善

调整集体林地承包经营监督模式。把"以基层政府监督为主，集体经济组织监督为辅"的林地承包经营监督主体模式调整为"以集体经济组织监督为主，基层政府监督为辅"的模式，把"以基层政府实质审查为主，形式审查为辅"的林地承包经营监督模式调整为"以集体经济组织实质审查为主，基层政府形式审查为辅"的模式。

删除《森林法实施条例》第16条的规定："勘查、开采矿藏和修建道路、水利、电力、通讯等工程，需要占用或者征用林地的，必须遵守下列规定：……（三）用地单位需要采伐已经批准占用或者征用林地上的林木时，应当向林地所在地的县级以上地方人民政府林业主管部门或者国务院林业主管部门申请林木采伐许可证。"把《森林法实施条例》第17条的规定："需要临时占用林地的，应当经县级以上人民政府林业主管部门批准。临时占用林地的期限不得超过两年，并不得在临时占用的林地上修筑永久性建筑物；占用期满后，用地单位必须恢复林业生产条件。"修改为："需要临时占用林地的，应当经县级以上人民政府林业主管部门批准。临时占用林地的期限不得超过两年，工程进度时间确实需要两年以上的情况除外，并不得在临时占用的林地上修筑永久性建筑物；占用期满后，用地单位必须恢复林业生产条件。"把《贵州省森林林木林地流转条例》第22条的规定："流转森林、林木、林地的，应当到所在地县级以上人民政府林业行政主管部门办理林权变更登记，并提交以下材料：（一）变更登记申请书；（二）国家统一式样的林权证书；（三）流转合同。流转国有森林、林木、林地的，还应当提交县级以上人民政府林业行政主管部门同意流转的批准文件。流转集体经济组织或者村民委员会统一经营管理的森林、林木、林地的，还应当提交本集体经济组织成员的村民会议三分之二以上成员或者三分之二以上村民代表同意的决议。流转共有或者合资合作经营的森林、林木、林地的，还应当提交共有人或者合资合作各方同意的书面材料。"修改为："林权转让的，应当到所在地县级以上人民政府林业行政主管部门办理林权变更登记，并提交以下材料：（一）变更登记申请书；（二）国家统一式样的林权证书；（三）转让合同。流转国有森林、林木、林地的，还应当提交县级以上人民政府林业行政主管部门同意流转的批准文件。转让集体经济组织或者村民委员会统一经营管理的森林、林木、林地的，还应当提交本集体经济组织成员的村民会议三分之二以上成员或者三分之二以上村民代表同意的决议。转让共有或者合资合作经营的森林、林木、林地的，还应当提交共有人或者合资合作各方同意的书面材料。"把《贵州省森林林木林地流转条例》第 27 条的规定："森林资源资产评估报告书自评估基准日起 1 年内有效，国家政策发生重大变动或者当事人另有书面约定的除外。超过 1 年后流转的，应当重新进行森林资源资产评估。"修改为："森林资源资产评估报告书自评估基准日起 1 年内有效，国家政策发生重大变动或者当事人另有书面约定的除外。超过 1 年后转让的，应当重新进行森林资源资产评估。"

第八节 公益林法律规则和法律政策

一 公益林界定的法律规则和法律政策

《森林法实施条例》第 15 条规定："国家依法保护森林、林木和林地经营者的合法权益。任何单位和个人不得侵占经营者依法所有的林木和使用的林地。用材林、经济林和薪炭林的经营者，依法享有经营权、收益权和其他合法权益。防护林和特种用途林的经营者，有获得森林生态效益补偿的权利。"《森林法》没有陈述公益林的外延，也未归纳公益林的内涵，这是《森林法》的一个重要缺陷，这给公益林的划分和补偿带来了困惑，从而导致各省（自治区、直辖市）对公益林的划分和补偿的标准的差别大，也给公益林补偿纠纷的司法解决带来了困难，从而导致此类纠纷悬而未决，或司法救济效果不佳。

《国家级公益林区划界办法》仅规定了国家级公益林区的划分标准，其规定的科学性也令人质疑，因为公益林的外延太窄。《国家级公益林区划界办法》第 2 条规定："国家级公益林是指生态区位极为重要或生态状况极为脆弱，对国土生态安全、生物多样性保护和经济社会可持续发展具有重要作用，以发挥森林生态和社会服务功能为主要经营目的的重点防护林和特种用途林。"《国家级公益林区划界办法》第 4 条规定："国家级公益林区划界定应遵循以下原则：生态优先、确保重点，因地制宜、因害设防，集中连片、合理布局，实现生态效益、社会效益和经济效益的和谐统一。尊重林权所有者和经营者的自主权，维护林权的稳定性，保证已确立承包关系的连续性。"《贵州省森林林木林地流转条例》第 11 条规定："县级以上人民政府批准公布的生态公益林，在不破坏生态功能、不改变生态公益林性质的前提下，可以采取承包、合资合作、出租的方式，发展林下种养业和森林旅游业。"

现行法规对公益林的界定存在的主要缺陷如下。其一，未对"公益林"作法律权威性解释。其二，《国家级公益林区划界办法》对"公益林"这概念外延的解释不周延，按照它的解释，公益林的划分就变为林种划分。"我国目前法律法规实际只是明确了防护林和特种用途林是生态公益林，则必须将其定位为防护林或者是特种用途林，生态公益林的划分实际上变为林种划分。实践中如何界定'生态公益林'则成为了问题，出现了国家公益林比重偏高，有林地面积比例过低和人为漏划等诸多问题。"① 其三，各省（直辖市、自治区）的公益林和民族文化公益林被排除在公益林的范围之外。

公益林，作为一个概念，对其缺陷的修正，可以从它的本质特征和外延着手。首先分析"公益林"的本质特征。"公益林"的本质特征是公共利益，所谓公共利益是与个人利益相对的概念，在我国，它是指国家利益、社会利益及集体利益。根据马克思主义的观点，利益包括物质利益和精神利益。一言以蔽之，公益是指国家、社会和集体的物质利益和精神利益。接着剖析"公益林"的外延。"公益林"外延是林，按照笔者的理解，对"林"应作扩张解释，其依据有二：一是比较法的维度。一般国家的《森林法》都对"林"作扩张解释；二是社会实践的维度。在现实生活中，"林"包括了林木和森林。结合"公益林"的本质特征和外延，可以对"公益林"作如下界定：公益林是指能够给国家、社会及集体带来物质利益和精神的林木和森林。

二　公益林补偿法律规则和法律政策

《森林法》第 8 条规定："国家对森林资源实行以下保护性措施：国家设立森林生态效益补偿基金，用于提供生态效益的防护林和特种用途林

---

① 唐敏、罗泽真：《论生态公益林的界定》，《农村经济》2008 年第 11 期。

的森林资源、林木的营造、抚育、保护和管理。森林生态效益补偿基金必须专款专用，不得挪作他用。具体办法由国务院规定。"《中央财政权森林生态效益补偿基金管理办法》第 2 条规定："森林生态效益补偿基金用于公益林的营造、抚育、保护和管理。中央财政补偿基金是森林生态效益补偿基金的重要来源，用于重点公益林的营造、抚育、保护和管理。"《中央财政权森林生态效益补偿基金管理办法》所规定的《公益林与商品林分类技术指标》（LY/T1556—2000）对公益林作如下界定：为了维护和创造优良生态环境，保持生态平衡，保护生物多样性等满足人类社会的生态需求和可持续发展为主体功能，主要是提供公益性、社会性产品或服务的森林、林木、林地。《中央财政权森林生态效益补偿基金管理办法》第 4 条规定："中央财政补偿基金平均标准为每年每亩 5 元，其中 4.75 元用于国有林业单位、集体和个人的管护等开支；0.25 元由省级财政部门（含新疆生产建设兵团财务局，下同）列支，用于省级林业主管部门（含新疆生产建设兵团林业局，下同）组织开展的重点公益林管护情况检查验收、跨重点公益林区域开设防火隔离带等森林火灾预防，以及维护林区道路的开支。"《中央财政权森林生态效益补偿基金管理办法》第 6 条规定："省级财政部门应会同林业主管部门，根据管护任务、经营状况、当地经济社会发展水平等因素，合理确定国有林业单位和集体的重点公益林管护人员委派标准、开支水平。"《中央财政权森林生态效益补偿基金管理办法》第 7 条规定："省级财政部门应会同林业主管部门，在本办法规定的开支范围内，明确中央财政补偿基金的具体开支范围和要求。各级财政部门和林业主管部门发生的相关管理经费由同级财政预算另行安排，不得在中央财政补偿基金中列支。"《贵州省中央财政森林生态效益补偿基金管理实施细则》第 4 条规定："中央财政补偿基金依据国家级公益林权属实行不同的补偿标准。国有的国家级公益林平均补偿标准为每年每亩 5 元，其中管护补助支出 4.75 元，公共管护支出 0.25 元；集体和个人所有的国家级公益林补偿标准为每年每亩 10 元，其中管护补助支出 9.75 元，公共管护支出 0.25 元。"《贵州省中央财政森林生态效益补偿基金管理实施细则》第 9 条规定："对不同权属的国家级公益林，分别采取以下补助方式：（一）国有林场经营管理的国家级公益林。管护补助支出由国有林场提出具体使用计划，按隶属关系报同级财政部门审核后安排。国有林场组织专职护林员进行管护，根据承担任务量、区域特点和管护的难易程度等

划分管护人员劳务费的不同补助标准，专职护林员开支标准不高于 800
元/人/月，管护面积 1500 亩—3000 亩/人，财政全额供养人员可以兼任
专职管护人员，但不得领取劳务费。支付护林人员劳务费外的结余资金，
可用于国家级公益林的森林防火、林业有害生物防治、补植、抚育等开
支。（二）自然保护区的国家级公益林。管护补助支出由自然保护区按林
地权属分类提出安排计划，按隶属关系报同级林业部门和财政部门审核后
安排。属于国有的国家级公益林，管护补助支出比照本条第一款规定执
行；属于集体经营的国家级公益林，管护补助支出拨付给村集体比照本条
第二款的规定执行；属于林农个人所有或经营的国家级公益林，管护补助
支出原则上按每亩 9.75 元的标准全部兑付给个人，由个人按照合同规定
承担管护、森林防火、林业有害生物防治、补植、抚育等责任。但林农个
人不能履行管护合同的，可按每亩不低于 4.75 元的管护补助支出标准兑
现给林农，剩余资金由保护区管理局统一聘请护林员进行管护。自然保护
区管理局负责监督指导集体、个人承担管护责任。（三）林农个人所有或
经营的国家级公益林，管护补助支出原则上全部兑付给林农个人，并由个
人按合同规定承担管护、森林防火、林业有害生物防治、补植、抚育等责
任。但林农不能履行管护合同的，可按每亩不低于 4.75 元的管护补助支
出标准兑现给林农，剩余资金由林业部门或村集体统一聘请护林员进行管
护和用于森林防火、林业有害生物防治、补植、抚育等工作。"

　　现行公益林补偿法律规则和法律政策存在以下缺陷。其一，公益林补
偿机制单一。公益林补偿机制单一包含以下几层含义：一是指公益林补偿
主体仅是政府；二是公益林补偿渠道仅是财政补贴；三是公益林补偿方式
仅是货币补偿；四是不同性质的公益林的补偿标准一样。其二，公益林补
偿标准偏低。"从 2003 年到 2007 年，省级生态公益林的补助标准由每亩
每年 4 元提高到 8 元。"[1] "我国目前的森林生态效益补偿范围只限于生态
区位极为重要或生态状况极为脆弱的防护林和特种用途林。补偿标准未实
现分类。不同地域、区位、种类和质量的公益林，其管护成本和生态价值
是不相同的。"[2] 其三，民族文化公益林补偿被排除在外。

---

[1]　桂拉旦、张伟强：《广东省森林生态效益补偿政策机制分析》，《西北人口》2007 年第
4 期。

[2]　颜士鹏：《基于森林碳汇的生态补偿法律机制之构建》，《鄱阳湖学刊》2010 年第 4 期。

　　针对公益林补偿法律规则和法律政策存在的缺陷，可以从以下几个方面完善公益林补偿法律规则和法律政策。其一，建构"政府补偿、市场补偿及组织和个人支助"的公益林多元补偿的法律机制。市场补偿公益林及组织和个人支助公益林的开发和保护具有必然性。蓝文泉和颜士鹏的研究为市场补助公益林的开发和保护提供理论依据，蓝文泉认为，生态林业的主要产品包括净化空气、涵养水源、防风固沙、保护生物多样性等，公益林生态补偿资金具有社会公益性和福利性。颜士鹏认为，森林对气候的调控起到重要的生态作用，其表现为"碳汇"，由于森林的生态效益具有排他性和非竞争性的特点，因而是一种典型的外部性很强的公共物品。《联合国气候变化框架公约》、《京都议定书》、《波恩政治协定》和《马拉喀什协定》等国际条约提供了法规依据。生态旅游经济也为市场补偿公益林的开发和保护提供理论基础。公益林是生态旅游经济的重要产品，游客到自然风景区游玩的主要目的是观赏自然风光，而公益林是有些自然风光的重要元素，换而言之，公益林成为了生态旅游客户的重要消费品，所以从旅游获取经济利益的法律主体通过市场方式补偿具有正当性。"公益林"这一产品具有公共性和福利性，组织和个人直接或间接的获取了公益林的生态价值，作为道德人，人具有善性，支助公益林的开发和保护具有经济伦理性。公益林补偿渠道和方式也可以多元化，可以通过财政补贴、税收减免及社会支助等渠道，可以采取货币、实物、劳动力、技术等方式补偿和支助公益林的开发和保护。其二，根据林木价值的市场变化和物价的上涨情况，因地制宜的提高公益林的补偿标准。其三，根据公益林的性质和价值给予不同补偿标准。

三　民族文化公益林补偿法律规则的构建

（一）民族文化公益林的界定

　　公益林与民族文化公益林的关系是包含关系，是种属关系，公益林的外延比民族文化公益林的外延广，民族文化公益林的内涵比公益林的内涵丰富。从此意义上说，公益林的界定为民族文化公益林的界定提供了大前提，即为民族文化公益林的界定提供了依据。正如公益林的界定一样，从内涵和外延两个层面分析，民族文化公益林的界定就迎刃而解。民族文化公益林的内涵是国家、社会和集体的精神利益，民族文化公益林的外延是蕴含民族文化的林木和森林。综上所述，所谓民族文化公益林是指能够给国家、社会及集体带来精神利益的，并蕴含民族文化的林木和森林。

（二）民族文化公益林补偿的理论基础

民族文化公益林补偿的理论基础所回答的问题是：为什么要给民族文化公益林补偿呢？此问题包含了两层含义：一是民族文化公益林补偿的必要性。二是民族文化公益林补偿的可能性。

1. 民族文化公益林补偿的必要性

民族文化公益林的补偿既体现了"实质公平"的正义价值，又促使社会耦合，整合民族地区的社会资源去开发和保护民族文化公益林。民族地区的生态旅游和民族地区的乡村文化旅游的有些经济价值，民族地理标志和民族商标的有些经济价值，① 都是由"民族文化公益林"转化而来。在实践生活中，民族地区的生态旅游和民族地区的乡村文化旅游的经济价值，民族地区的地理标志和少数民族商标的经济价值，由公司和政府所垄断，这对为民族文化公益林的开发和保护付出智慧和劳动的少数民族来说，是不公平的。通过民族文化公益林补偿，一方面可以实现"实质公平"的正义价值。另外，民族文化公益林补偿基金具有社会性和福利性。"公益林生态补偿制度解决了公益林生态外部经济性的市场失灵问题，公共物品属性的非排他性问题，体现了公平正义价值，消除了林权改革给生态安全带来隐患的消极影响，维护了人与自然的和谐秩序，体现了秩序价值；以较少的投入，实现了生态效益，社会效益的最大化体现了效益价值。"② "社会——生态耦合，是指人类行动和生态结构式紧密地联系在一起且相互依赖的，形成了相互耦合、多位互动的社会——生态系统之间的互惠效果和反馈。"③ "生态林业的主要产品包括净化空气、涵养水源、防风固沙、保护生物多样性等，公益林生态补偿资金具有社会公益性和福利性。"④

---

① 所谓民族商标是指少数民族所生产的商品和服务活动的标志。民族地理标志是指少数民族地区的地理标志。

② 吴萍：《公益林生态补偿的法律价值评价》，《北方论丛》2010 年第 5 期。

③ 蔡晶晶：《社会——生态系统视野下的集体林权制度改革——一个新的政策框架》，《学术月刊》2011 年第 12 期。

④ 蓝文泉：《对森林生态效益补偿资金管理问题的探讨》，《广西师范学院学报（哲学社会科学版）》2009 年第 7 期。

2. 民族文化公益林补偿的可能性

法律制度和政策是调整收入和经济资源的重要杠杆，是实现民族文化林补偿的重要手段，我国签订了《联合国气候变化框架公约》、《波恩政治协定》、《马拉喀什协定》及《京都议定书》等国际条约。"森林碳汇交易"实际上是民族文化林市场补偿机制。"在应对气候变化中，森林也具有十分重要和不可替代的作用，这种作用就表现为森林碳汇。根据《联合国气候变化框架公约》的定义，将大气中清除二氧化碳的过程、活动和机制，称为'碳汇'。由于森林的生态效益具有排他性和非竞争性的特点，因而是一种典型的外部性很强的公共物品。"[1]"若要解决森林碳汇的外部性问题，最好的途径是通过生态补偿制度来实现。国家在《京都议定书》中承诺了减排目标。但是《波恩政治协定》和《马拉喀什协定》确定了极其严格的林业碳汇项目作为第一承诺期唯一合格的 CDM 林业碳汇项目，并通过了有关开展 LULUCF 活动的定义方式、规则和方法学等一系列规定。其中，'造林'是指在 50 年以上的无林地进行造林，'再造林'是指在曾经为林地、而后退化为无林地的地点进行造林，并且这些地点在 1989 年 12 月 31 日必须是无林地。《京都议定书》对于开展碳汇项目的补偿是通过碳汇交易的方式实现的，即发达国家为发展中国家提供森林碳汇项目的资金和技术，而森林碳汇项目所产生的实质性的温室气体减排量可抵消发达国家的减排量。"[2]

我国也制定了生态公益林补偿法规和非物质文化保护法规，这为民族文化公益林补偿法律机制提供了法律依据、法律体系和立法经验。例如，《中央财政权森林生态效益补偿基金管理办法》第 2 条规定："森林生态效益补偿基金用于公益林的营造、抚育、保护和管理。中央财政补偿基金是森林生态效益补偿基金的重要来源，用于重点公益林的营造、抚育、保护和管理。"《中央财政权森林生态效益补偿基金管理办法》第 6 条规定："省级财政部门应会同林业主管部门，根据管护任务、经营状况、当地经济社会发展水平等因素，合理确定国有林业单位和集体的重点公益林管护人员委派标准、开支水平。"《森林法》第 8 条规定："国家设立森林生态效益补偿基金，用于提供生态效益的防护林和特种用途林的森林资源、林

---

[1] 颜士鹏：《基于森林碳汇的生态补偿法律机制之构建》，《鄱阳湖学刊》2010 年第 4 期。

[2] 同上。

木的营造、抚育、保护和管理。森林生态效益补偿基金必须专款专用，不得挪作他用。具体办法由国务院规定。"《森林法》第9条规定："国家和省、自治区人民政府，对民族自治地方的林业生产建设，依照国家对民族自治地方自治权的规定，在森林开发、木材分配和林业基金使用方面，给予比一般地区更多的自主权和经济利益。"

我国民族地区也大量存在民族文化公益林现象。例如，仅贵州就存在不少苗族、布依族、侗族及仡佬族等少数民族的神树和"神山"。"各地仡佬族三月祭山神。思南仡佬族逢年过节或出远门要到神树下烧纸献祭品，求神赐福。思塘镇祭的是黑榻树，檫耳乡祭的是白果树。普定窝子乡仡佬族三月三祭山神。"① "苗族的自然崇拜，是以比较突出的自然物作为崇拜物。他们认为'石大有鬼，树大有神'，凡生长在寨子周围的大树、巨石等，都不准乱砍乱动。如台江县的交毗有一棵倒栽杉树，说它有神力，因而对其倍加保护和崇拜。"② "苗族崇拜枫树，《山海经·大荒南经》云：'尤其弃其桎梏是为枫树。'黔东南苗族古歌中的'枫树歌'唱到……"③ "布依族认为特定图腾物与人类繁衍有血缘关系的信仰和图腾礼仪，主要有龙图腾崇拜和竹图腾崇拜两种。"④ "布依族村寨都有神林或神树，布依族视'神树'有生灵。过去，外来人有损害神树的行为，寨中人要集中议事，商讨惩罚损害人的不轨行为。"⑤ "侗族信奉'万物有灵'的原始宗教，很多动植物禁忌现象在侗族村寨普遍存在，这些动植物被认为有神灵依附，不可随意伤害。"⑥

又譬如，仅贵州就存在不少民族地理标志、民族商标及民族民间文化之乡。"黄果树"、"多彩贵州"、"都匀毛尖"、"湄潭翠芽"、"侗族大歌"等民族商标和民族地区地理标志被合法注册。贵州省评选出70多个具有

---

① 贵州省地方志编纂委员会：《贵州省民族志》（下），贵州民族出版社2002年版，第552—554页。

② 贵州省地方志编纂委员会：《贵州省民族志》（上），贵州民族出版社2002年版，第143页。

③ 同上书，第145页。

④ 同上书，第225页。

⑤ 同上。

⑥ 李莉、梁明武：《黔东南地区林业文化初探》，《北京林业大学学报（社会科学版）》2006年第9期。

民族特色的民族民间文化艺术之乡。

（三）民族文化公益林补偿法律机制的建构

民族文化公益林补偿法律机制的建构所涉及的内容繁多，极其复杂，由于篇幅的限制和考虑不周全，在此，对民族文化公益林补偿法律机制建构，仅提出一些肤浅的建议，以引起同仁们和有关实务部门的关注，起到抛砖引玉之作用。

1. 民族文化公益林补偿主体

民族文化公益林补偿主体包括民族文化公益林补偿方和民族文化公益林受偿方双方。民族文化公益林补偿方是指给民族文化公益林的开发和保护提供财力、物力及人力等方面支助的政府、组织和个人。其政府包括外国政府、国务院、各部委、地方政府及基层政府，其组织包括企事业单位、民间组织及家庭。对于民族文化公益林补偿方的立法应该采取开放的态度，即鼓励企事业单位、民间组织、家庭和个人为民族文化公益林的开发和保护提供各方面的支助。民族文化公益林受偿方是指有资格接受民族文化公益林补偿方提供的支助，它包括民族文化公益林的权利主体和为民族文化公益林的开发和保护付出心血的组织和个人，其组织包括企事业单位、民间组织、村组及家庭等。民族文化公益林受偿方的资格是指由法律规定的条件和民族文化公益林补偿方约定的条件。随着民族生态旅游经济和民族文化经济及相关民族经济的发展，随着我国工业经济的发展，企业应该成为公益林补偿的重要主体，因为它们的发展离不开公益林的开发和保护。

2. 民族文化公益林补偿形式

民族文化公益林补偿形式可以多元化，从微观的层面说，即可以采取货币和实物补偿，可以提供人力和技术的方式补偿，也可以通过减免税费和提供福利等形式补偿；从宏观的层面说，可以通过行政方式和组织信托的方式补偿，也可以借鉴森林生态服务市场化补偿、森林的碳汇贸易补偿及森林的水文服务流域补偿等补偿方式。

"森林生态服务市场化补偿、森林的碳汇贸易补偿及森林的水文服务流域补偿。"① "森林生态效益的市场化补偿。森林生态效益的市场化补偿可以分为两种基本的方式，一是生态效益供需双方的自主协议，例如流域

---

① 桂拉旦、张伟强：《广东省森林生态效益补偿政策机制分析》，《西北人口》2007年第4期。

上下游补偿；二是由于规则的确立所引导的市场上的自发的交易体系。例如，世界森林碳汇贸易。"① 当然，对民族文化公益林补偿方式立法时，应该根据民族文化公益林补偿方和民族文化公益林受偿方的具体情况加以确定，对于行政方式补偿的民族文化公益林，应该强调国家的意志和补偿公平性；对于市场方式补偿的民族文化公益林，应该既要体现国家的意志性、公平性，又要尊重民族文化公益林补偿双方的自主性，更要体现效率性；通过慈善方式补偿的民族文化公益林，应该尊重民族文化公益林补偿方的意志。

3. 民族文化公益林补偿的立法体例

由于民族文化公益林补偿属于公益林补偿的一部分，也属于民族非物质文化保护的一部分，所以应该把民族文化公益林补偿放在公益林补偿方面的法规中，对其作特别规定。例如，可以在《森林法》、《中央财政权森林生态效益补偿基金管理办法》及地方有关公益林补偿法规中作例外规定，可以在民族非物质文化保护方面的法规中作特别规定。从法规体系内在逻辑性的维度看，也应该把民族文化公益林补偿放在公益林补偿和民族非物质文化保护方面的法规中，而不应该对民族文化公益林补偿单独立法。另外，从立法成本和司法成本的维度看，应该把民族文化公益林补偿放在公益林补偿和民族非物质文化保护方面的法规中，而不应该对民族文化公益林补偿单独立法，因为民族文化公益林单独立法将会增加立法成本和司法成本。

第九节　林权登记法律规则和法律政策

一　林权登记法律规则和法律政策的缺陷

《农村土地承包法》第 38 条规定："土地承包经营权采取互换、转让方式流转，当事人要求登记的，应当向县级以上地方人民政府申请登记。未经登记，不得对抗善意第三人。"《农村土地承包经营权流转管理办法》第 29 条规定："采取互换、转让方式流转土地承包经营权，当事人申请办理土地承包经营权流转登记的，县级人民政府农业（或农村经营管理）主管部门应当予以受理，并依照《农村土地承包经营权证管理办法》的

---

① 桂拉旦、张伟强：《广东省森林生态效益补偿政策机制分析》，《西北人口》2007 年第 4 期。

规定办理。"现行林地承包经营权流转登记法律规则存在一个重要缺陷：《农村土地承包法》中所规定的林地承包经营权流转登记主体与《农村土地承包经营权流转管理办法》中所规定的林地承包经营权流转登记主体不同。从法律的效力的顺序看，《农村土地承包法》的法律效力优先于《农村土地承包经营权流转管理办法》的法律效力，因为《农村土地承包法》是一般法律，而《农村土地承包经营权流转管理办法》是行政法规。但是，从法理的角度看，《农村土地承包经营权流转管理办法》对林地承包经营权流转登记主体的规定比《农村土地承包法》中对林地承包经营权流转登记主体的管理更具有合理性。主要理由如下：其一，《农村土地承包经营权流转管理办法》对林地承包经营权流转登记主体的规定具体，这便于操作。《农村土地承包法》中所规定的林地承包经营权流转登记主体不具体，不便于操作。《农村土地承包法》中所规定的林地承包经营权流转登记主体不具体，与法律条款尽可能具体的原则相违背。其二，《农村土地承包法》中所规定的林地承包经营权流转登记主体，不仅增加林地承包经营权登记的成本和登记的难度，还增加对林地承包经营权流转真实情况的监督成本及监督难度。对于林地承包经营权流转当事人和乡（镇）林地经营管理部门来说，到县级人民政府林地行政主管部门办理林地承包经营权流转登记所花费的车费和误餐费等方面的费用和时间比到县级以上人民政府林地行政主管部门办理林地承包经营权流转登记所花费的车费和误餐费等方面的费用和时间多，因为对于一般的林地承包经营权流转当事人和乡（镇）林地经营管理部门来说，到县级人民政府林地行政主管部门的路程比到县级以上人民政府农业行政主管部门的路程长。

　　《农村土地承包经营权证管理办法》第12条规定："乡（镇）农村经营管理部门和县级以上地方政府农业行政主管部门在办理农村土地承包经营权证过程中应当履行下列职责：……（四）需要实地查看的，应进行查验。在实地检验过程中，申请人有义务给予协助。"县级以上政府林地行政主管部门对林地承包经营权流转登记的监督成本比县级政府林地行政主管部门对林地承包经营权流转登记的监督成本大。在林地承包经营权流转比较发达的地方，申请登记林地承包经营权流转登记的人太多，县级以上人民政府林地行政主管部门将无法承受林地承包经营权流转登记的工作任务。另外，与林地所有权登记部门不相同。《土地管理法》第11条规定："农民集体所有的土地，由县级人民政府登记造册，核发证书，确认所有权。"

《农村土地承包法》第31条规定："承包人所得的承包收益，依照继承法的规定继承。林地承包的承包人死亡，其继承人可以在承包期内继续承包。"《农村土地承包法》所规定继承，实质上是林地承包经营权流转的一种方式，是事实行为引起林地承包经营权流转的一种形式。现行法律没有对因继承或法院判决使林地承包经营权主体发生变更等事实行为使林地承包经营权流转的登记之法律效力作规定，这也是现行林地承包经营权法律规则的缺陷。笔者认为，我国的法律规则应该对其作规定，即因继承或法院判决使林地承包经营权主体发生变更等事实行为使林地承包经营权发生流转的，不登记不得处分。理由如下：其一，继承或法院判决使林地承包经营权主体发生变更与林地承包经营权转让和互换一样，林地承包经营权的主体发生了变化，现行法律规则对林地承包经营权的转让和互换的登记作了规定。例如，《农村土地承包法》第38条规定："土地承包经营权采取互换、转让方式流转，当事人要求登记的，应当向县级以上地方人民政府申请登记。未登记，不得对抗善意第三人。"所以法律规则上也应该对因继承或法院判决使林地承包经营权主体发生变更等事实行为使林地承包经营权发生流转的登记作规定。其二，不动产权的取得原因有二：一是法律行为，二是事实行为。从不动产变动登记的法律效力的理论和国外立法来看，法律行为引起不动产变动登记的法律效力有两种：不动产变动登记生效主义和不动产变动登记对抗主义，事实行为引起不动产变动登记的法律效力只有一种，即登记不得处分。继承或法院判决使林地承包经营权主体发生变更是林地承包经营权流转的第二个原因，即事实行为，所以对因继承或法院判决使林地承包经营权主体发生变更等事实行为使林地承包经营权发生流转的，应该采取不登记不得处分的登记模式。其三，因继承或法院判决使林地承包经营权主体发生变更等事实行为使林地承包经营权发生流转的，不能采取登记生效主义模式。例如，某甲继承了他父亲的林地承包经营权，若采用登记生效主义，则甲不经登记不能取得他父亲的农村土地承包经营权。然而，《继承法》、《农村土地承包法》及《森林法》等法律并没有规定继承遗产必须先到有关部门登记，由此可见，上面所假设的法律行为是与《继承法》、《农村土地承包法》及《森林法》背道而驰的。其四，因继承或法院判决使林地承包经营权主体发生变更等事实行为使林地承包经营权发生流转的，不能采用登记对抗主义模式。以上面的例子为例，若采取登记对抗主义模式，则甲不经登记，不能对抗善意第三人。就甲继承他父亲的林地承包经营权而言，不存在善意第三人。对不动产物权变动采用登记形式的目的是为了保护权利人和善意第三人的利益，维护交易安全。因继承或法院判决使林地承包经营权主体发生变更等事实行为使林地承包经营权发生流转的而言，只有在处分其农村土地承包经营权时，才涉及善意第三人的利益，所以才有通过登记这公示形式之必要。其五，《物权法》对因事实行为引起物权变动的法律效力和登记的效力作了规定。《物权法》第28条规定："因人民法院、仲裁委员会的法律文书或者人民政府的征收决定等，导致物权的设立、变更、转让或者消灭的，自法律文书或者人民政府的征收决定等生效时发生效力。"《物权法》第38条规定："因继承或者受遗赠取得物权的，自继承或者受遗赠开始时发生效力。"《物权法》第31条规定："依照本法第二十八条至第三十条规定享有不动产物权的，处分该物权时，依照法律规定需要办理的，未经登记，不发生物权效力。"其六，我们可以借鉴法国和韩国等国家的立法经验。对于因继承或法院判决使农村土地承包经营权主体发生变更等事实行为使林地承包经营权发生流转的，法国和韩国等国家都是采用不登记不得处分的登记模式。综上所述，因继承或法院判决使林地承包经营权主体发生变更等事实行为使林地承包经营权发生流转的，我国的法律应该采取不登记不得处分的登记模式。

《森林法》和《森林法实施条例》等法律仅是对森林、林木和林地的所有权和使用权作了规定，并没有对森林承包经营权、林木承包经营权及林地承包经营权的登记作出明确规定。《森林法》第3条规定："国家所有的和集体所有的森林、林木和林地，个人所有的林木和使用的林地，由县级以上地方人民政府登记造册，发放证书，确认所有权或者使用权。国务院可以授权国务院林业主管部门，对国务院确定的国家所有的重点林区的森林、林木和林地登记造册，发放证书，并通知有关地方人民政府。"《森林法实施条例》第3条规定："国家依法实行森林、林木和林地登记发证制度。依法登记的森林、林木和林地的所有权、使用权受法律保护，任何单位和个人不得侵犯。"《森林法实施条例》第4条规定："依法使用的国家所有的森林、林木和林地，按照下列规定登记：（一）使用国务院确定的国家所有的重点林区（以下简称重点林区）的森林、林木和林地的单位，应当向国务院林业主管部门提出登记申请，由国务院林业主管部门登记造册，核发证书，确认森林、林木和林地使用权以及由使用者所有的林木所有权；（二）使用国家所有的跨行政区域的森林、林木和林地的单位和个人，应当向共同的上一级人民政府林业主管部门提出登记申请，由该人民政府登记造册，核发证书，确认森林、林木和林地使用权以及由使用者所有的林木所有权；（三）使用国家所有的其他森林、林木和林地的单位和个人，应当向县级以上地方人民政府林业主管部门提出登记申请，由县级以上地方人民政府登记造册，核发证书，确认森林、林木和林地使用权以及由使用者所有的林木所有权。未确定使用权的国家所有的森林、林木和林地，由县级以上人民政府登记造册，负责保护管理。"《农村土地承包法》和《农村土地承包经营权证管理法》对林地承包经营权的登记作了明确规定，对林权的登记也作了规定，林权是否包括森林和林木的承包经营权，《农村土地承包法》和《农村土地承包经营权证管理法》都没有明确规定。《农村土地承包法》第 23 条规定："县级以上地方人民政府应当向承包方颁发土地承包经营权证或者林权证等证书，并登记造册，确认土地承包经营权。"《农村土地承包法》第 49 条规定："通过招标、拍卖、公开协商等方式承包农村土地，经依法登记取得土地承包经营权证或者林权证的，其土地承包经营权可以依法采取转让、出租、入股、抵押或者其他方式流转。"《农村土地承包经营权证管理法》第 4 条规定："实现家庭承包经营的承包方，县级以上地方人民政府应当向承包方颁发土地承包经营权证。实现其他方式承包经营的承包方，经依法登记，县级以上地方人民政府应当向承包方颁发土地承包经营权证。县级以上的地方人民政府农业行政主管部门负责农村土地承包经营权证的备案、登记、发放等具体工作。"从《农村土地承包法》第 23 条、第 49 条的规定和《农村土地承包经营权证管理法》的规定看，林权是指林地承包经营权，并没有包括森林和林木的承包经营权，进而言之，没有法律对森林和林木的承包经营权的登记作出规定，林地承包经营权登记的主体是县级以上的地方人民政府农业行政主管部门。然而，《森林法》和《森林法实施条例》规定，林地所有权和林地使用权的登记主体是县级以上的林业行政管理部门。由此可见，林地权由不同的主体进行登记及登记相关的监管。

《贵州省集体林权制度改革确权发证办法》第 2 条规定："凡县级人

民政府规划的集体林地，应登记发证，确认森林、林木和林地的所有权、使用权。非林地上林木，本次林权制度改革暂不发证。房前屋后自留地上零星林木不予发证。退耕还林地属国家重点林业生态建设工程用地，发放林权证的同时，变更原有土地承包经营权证。林地所有权为集体的，林地所有权单独勾图、单独填表、单独发证给归属的集体经济组织。国有林地所有权不需发证。国有单位将林地承包给内部职工经营的，林地使用权和林木所有权、使用权按合同约定执行，暂不发放林权证。本次林改前，农户将自留山、责任山上林木转包、出租给其他单位（含国有林场与农户联营）、个人的，可将林地使用权证发给原农户，林木所有权、使用权证发给受让方。本次林改前，经发包方同意，农户将责任山的林地使用权转让给其他农户的，由受让的其他农户同发包方确立新的承包关系，原农户与发包方的承包关系即行终止。林地使用权和林木所有权、使用权按新的承包合同约定，林权证发给受让的其他农户。单位（含国有林场和乡、村、组集体联营，简称"国乡联营"）和个人依法经营的集体山林，按合同约定林地使用权和林木所有权、使用权归属发证。原林地使用权属于集体经济组织或个人的，确认林地使用权的林权证发给该集体经济组织个人。其确认林木所有权、使用权的林权证发给合同约定的投资效益主体方，并在林权证注记中载明另一方的权益。属"国乡联营"的，确认林地使用权、林木所有权、使用权的林权证一并发给国有林场；也可将林地使用权证发给集体经济组织，林木所有权、使用权证发给国有林场。林木所有权、使用权分离的，林木所有权与使用权不分开发证，采用合同、协议的形式予以明确。"

《贵州省集体林权制度改革确权发证办法》第 2 条的规定存在一些缺陷。其一，没有对林地承包经营权、森林承包经营权和林木承包经营权登记作出规定，从其规定和《森林法》、《森林法实施条例》的规定看，把林地承包经营权、森林承包经营权和林木承包经营权分别视作林地使用权、森林使用权及林木使用权，其实，林地承包经营权、森林承包经营权和林木承包经营权分别与林地使用权、森林使用权及林木使用权是不同的概念。其二，房前屋后自留地上零星林木不予发证林木所有权。使用权分离的，林木所有权与使用权不分开发证，采用合同、协议的形式予以明确。此规定不合理。"房前屋后自留地上零星林木不予发证林木所有权"的规定既违背物权登记原理，又与《物权法》和《森林法》的物权登记原则相左。物权之所以要登记，其原因有二：一是物权变动的证明力，二是国家管理的便利。固然，从国家管理的便利的角度看，房前屋后自留地上零星林木不予发证林木所有权具有合理性，然而，房前屋后自留地上零星林木不予发证林木所有权不符合"物权变动的证明力"的原理。不动产变动登记是物权登记原则，房前屋后自留地上零星林木不予发证林木所有权与其相左。"使用权分离的，林木所有权与使用权不分开发证，采用合同、协议的形式予以明确"的规定与"一权一证"原理不符合。林木使用权和林木所有权是不同的物权，根据"一权一证"原理，"一权一证"原理是为了"物尽其用"，为了减少纠纷发生的可能性，为了对不同物权的管理。此两条规定违反了《物权法》的规定。《物权法》第9条规定："不动产物权的设立、变更、转让和消灭，经依法登记，发生效力；未经登记，不发生效力，但法律另有规定的除外。"其三，国有单位将林地承包给内部职工经营的，林地使用权和林木所有权、使用权按合同约定执行，暂不发放林权证。此规定不利于林权的流转，也违背《物权法》的规定。《物权法》第127条规定："土地承包经营权自土地承包经营权合同生效时设立。县级以上地方人民政府应当向土地承包经营权人发放土地承包经营权证、林权证、草原使用权证，并登记造册，确认土地承包经营权。"《物权法》第129条规定："土地承包经营权人将土地承包经营权互换、转让，当事人要求登记的，应当向县级以上地方人民政府申请土地承包经营权变更登记；未经登记，不得对抗善意第三人。"《物权法》第134条规定："国家所有的农用地实行承包经营的，参照本法的有关规定。"其四，属"国乡联营"的，确认林地使用权、林木所有权、使用权的林权证一并发给国有林场；也可将林地使用权证发给集体经济组织，林木所有权、使用权证发给国有林场。此规定不合理。对于"国乡联营"的，林地使用权、林木所有权和使用权的林权证的发放根据具体的情况确定，既要考虑双方当事人的意志，又要考虑当事人的出资情况，若双方对其发生纠纷，可以协商解决，协商不成，可以通过仲裁或诉讼方式解决，不能作出强行规定，此规定明确对国有企业有利，有可能损害对方的权利。

二　林权登记法律规则和法律政策的完善

针对林权登记法律规则和法律政策存在的缺陷，可以从以下几个方面加以完善。其一，确立林权登记的原则。林权登记的原则应该基于以下三个方面的考量。一方面，吸收不动产登记理论研究成果，如物权变动债权形式（主义）。另一方面，以《物权法》的物权登记原则和规则为依据。另外，也考虑我国对不动产变动问题解决的司法实践。其二，在《森林法》和《森林法实施条例》等法律中明确规定森林承包经营权、林木承包经营权及林地承包经营权的登记，其理由如下。第一，《森林法》和《森林法实施条例》是森林和林木的特别法。第二，森林承包经营权与森林使用权不是同一概念，林木承包经营权与林木使用权不是同一概念，林地承包经营权与林地使用权不是同一概念。第三，森林承包经营权、林木承包经营权及林地承包经营权在《森林法》和《森林法实施条例》中的规定有物权法理论依据，也有法律依据。其物权法理论依据是"物尽其用"理论、"物权变动债权形式"理论及"一物一证"理论等理论，其法律依据是《物权法》和《农村土地承包法》的有关规定。《物权法》第 127 条规定："土地承包经营权自土地承包经营权合同生效时设立。县级以上地方人民政府应当向土地承包经营权人发放土地承包经营权证、林权证、草原使用权证，并登记造册，确认土地承包经营权。"《物权法》第 129 条规定："土地承包经营权人将土地承包经营权互换、转让，当事人要求登记的，应当向县级以上地方人民政府申请土地承包经营权变更登记；未经登记，不得对抗善意第三人。"《物权法》第 134 条规定："国家所有的农用地实行承包经营的，参照本法的有关规定。"《农村土地承包法》第 23 条规定："县级以上地方人民政府应当向承包方颁发土地承包经营权证或者林权证等证书，并登记造册，确认土地承包经营权。"《农村土地承包法》第 49 条规定："通过招标、拍卖、公开协商等方式承包农村土地，经依法登记取得土地承包经营权证或者林权证的，其土地承包经营权可以依法采取转让、出租、入股、抵押或者其他方式流转。"《农村土地承包经营权证管理法》第 4 条规定："实现家庭承包经营的承包方，由县级以上地方人民政府应当向承包方颁发土地承包经营权证。实现其他方式承包经营的承包方，经依法登记，县级以上地方人民政府应当向承包方颁发土地承包经营权证。县级以上的地方人民政府农业行政主管部门负责农村土地承包经营权证的备案、登记、发放等具体工作。"其三，在《担保法》中规定森林、林木及林地的担保物权的登记。第一，《担保法》是森林、

林木及林地的担保物权的特别法。第二，森林、林木及林地的担保物权
是集体林权制度改革的重要内容，不少地方政府制定了森林、林木及林
地的担保物权登记问题，从而促使了森林、林木及林地的担保物权的融
资功能，由于《担保法》没有明确规定森林、林木及林地的担保物权的
登记，这成了森林、林木及林地的担保物权融资功能的法律障碍和司法
障碍，结果制约了金融企业和森林、林木及林地的担保物权人的积极
性。第三，笔者在贵州省一些农村社区调研时，发现有不少农民和林业
企业把森林、林木的所有权、使用权及承包经营权和林地的使用权及承
包经营权进行抵押贷款。由于法律和的司法障碍，森林、林木及林地抵
押权人的权利得不到保护，这不利于林业经济的发展。其四，林权登记
的法律政策的制定应该遵循林权登记的理论和林权登记法律原则，应该
修改一些不合理的规定。

第十节　林权纠纷解决法律规则和法律政策

一　林权纠纷解决法律规则和法律政策的缺陷

由于有些林权纠纷是有些农村土地承包经营纠纷的一部分，所以有些
农村土地承包经营纠纷解决法律规则的缺陷就是有些林权纠纷解决法律规
则的缺陷，因此，要论证有些林权纠纷法律规则的缺陷，探讨农村土地承
包经营纠纷解决法律规则的缺陷即可。《森林法》第 17 条规定："单位之
间发生的林木、林地所有权和使用权争议，由县级以上人民政府依法处
理。个人之间、个人与单位之间发生的林木所有权和林地使用权争议，由
当地县级或者乡级人民政府依法处理。当事人对人民政府的处理决定不服
的，可以在接到通知之日起一个月内，向人民法院起诉。在林木、林地权
属争议解决以前，任何一方不得砍伐有争议的林木。"固然，行政方式是
解决农村土地承包经营纠纷的重要方法，但是不能把行政方式解决农村土
地承包经营纠纷作为主要的方式，因为一方面，它本身具有缺陷性，另一
方面，农村土地承包经营纠纷极其复杂，其他解决纠纷的方式也具有自身
的优势和适用范围。"从问卷调查结果看，当发生纠纷后，人们在多种途
径解决纠纷的情况下，首先的解决纠纷的途径是'与对方协商，或找中间
人和解'这一选择倾向对城市和农村与郊区的地区差异并不明显，均达到

了60%以上。村委会在传统的农村保持较高的解决纠纷权威，一个内在的弱化趋势也在慢慢的凸显出来。"① "从首选到次选数据结果的变化，说明了人们对解决纠纷方式的选择从私力救济向制度性比较强的正规化解决纠纷途径转化的变化路径。"② "整体上民众对于各种解决纠纷方式的解决纠纷主体的解决纠纷行为具有较高的信任度，达到90%以上。满意度最高的解决纠纷机构是法院（73.1%），满意度率最低的是村（居）民委员会。"③ "从数据结果可以看出，行政性调解机构，在整个诉讼外的调解体系中发挥着主导作用。在行政性调解和调处机构中，基层司法所和基层派出所满意度较高，分别达到了55.6%和49%。"④

《农村土地承包经营纠纷调解仲裁法》第12条规定："农村土地承包仲裁委员会，根据解决农村土地承包经营纠纷的实际需要设立。农村土地承包仲裁委员会可以在县和不设区的市设立，也可以在设区的市或者其市辖区设立。农村土地承包仲裁委员会在当地人民政府指导下设立。"《农村土地承包经营纠纷调解仲裁法》第13条规定："农村土地承包仲裁委员会由当地人民政府及其有关部门代表、有关人民团体代表、农村集体经济组织代表、农民代表和法律、经济等相关专业人员兼任组成，其中农民代表和法律、经济等相关专业人员不得少于组成人员的二分之一。农村土地承包仲裁委员会设主任一人、副主任一至二人和委员若干人。主任、副主任由全体组成人员选举产生。"从《农村土地承包经营纠纷调解仲裁法》的第12条和第13条的规定看，不管是农村土地承包仲裁委员会的设立和组成，仲裁人员的来源，还是农村土地承包仲裁委员会示范章程的制定，都有当地人民政府和行政人员的参与。由此可见，从形式上看，农村土地承包经营纠纷仲裁委员会的设立采用事业单位法人模式，但是实际上农村土地承包经营纠纷仲裁委员会的设立由行政部门控制的，所以农村土地承包经营纠纷仲裁委员会的设立属于行政性事业单位法人设立模式。

笔者认为，我国农村土地承包经营纠纷仲裁委员会的设立模式不合理，应该采用事业单位法人的设立模式。其理由如下：其一，除劳动争议

---

① 梁平：《多元化纠纷解决机制的制度构建——基于公共选择偏好的实证考察》，《当代法学》2011年第3期。

② 同上。

③ 同上。

④ 同上。

仲裁委员会的设立模式之外，其他类型的仲裁委员会的设立都是采用事业单位法人的设立模式。其二，现行农村土地承包经营纠纷仲裁农村土地承包经营纠纷类型比较多。其三，从比较法的视角看，没有其他市场经济国家的仲裁委员会采用行政性的事业单位设立模式。其四，与仲裁的本质和功能相去甚远。

现行林权纠纷解决法律规则并没有吸收林权法律政策的合理规定，这也是林权纠纷解决法律规则的一个重大缺陷。由于现行林权纠纷解决法律规则并没有吸收林权纠纷解决法律政策的合理规定，所以在司法实践中，尤其在基层法院，基层法院是林权纠纷解决的主要地方，只要林权纠纷涉及林权法律政策，就不受理此类案件，因此，许多林权纠纷案件悬而未决，从而导致有些地方出现林权纠纷的群体事件。

二　林权纠纷解决法律规则和法律政策的完善

从现行法律的规定看，对于农村土地承包经营权纠纷，我国主要是行政机构采取调解、仲裁及行政复议等方式加以解决，即主要运用行政机制解决农村土地承包经营权纠纷。事实证明，农村土地承包经营权纠纷行政解决机制效果并不佳。所以要完善农村土地承包经营权纠纷行政解决司法机制。第一，加强优秀村组干部培养和选拔。农村需要一批懂法律、富有一定社会生活经验及政治素质过硬的村干部去宣传和实施农村土地承包经营权纠纷行政解决法规，然而，在我国农村缺乏大量优秀村组干部，所以应该加强优秀村干部培养和选拔。适当提高选调到基层锻炼的优秀大学生中法科学生的比例，通过聘请法律专家、法官及律师对村干部的法律业务素质专门培训，通过"送法下乡"法律远程教育等方式加强村干部法律业务素质。第二，充实农村土地承包经营权纠纷解决行政人员和充分利用现有行政资源。由于财力的限制，大量增加农村土地承包经营权纠纷解决专职行政人员不现实，不过，可以通过制定优惠政策鼓励懂法律、富有社会生活经验的人作为解决农村土地承包经营权纠纷的兼职人员，充分利用现有行政资源。第三，想方设法解决农村土地承包经营权纠纷解决的经费不足的问题。一方面，在解决有些农村土地承包经营权案件时，可以适当收取一些费用；另一方面，有些农村土地承包经营权案件可以由基层法院通过简易程序加以解决，有些农村土地承包经营权案件可以由民间组织加以解决；另外，适当增加农村土地承包经营权案件解决的经费。第四，加强农村土地承包经营权纠纷行政解决监督。应该采用"司法、行政、民间"多形式的监督模式，应该充分利用现代网络技术监督农村土地承包经营权纠纷行政解决，应该制定和完善农村土地承包经营权纠纷行政解决监督激励机制。第五，要加快建立和完善农村土地（林地）承包仲裁委员会，充实仲裁委员会中林业专业人员；完善林权纠纷调处联席会议制度，协调相关部门有效开展工作，妥善处理林权纠纷。

建立林权纠纷多元解决机制的法律规则。如发挥村规民约和寨老的特殊作用。加大"调处办"调处和县、乡、村调解解决的力量。行政裁决和法院判决要充分考虑民族习惯法因素。陆益龙的研究成果提供了理论依据。"在法社会学的视野里，纠纷是指社会互动过程中出现的不一致或不平衡的社会关系。当人们认为或感受到自己的权利和利益受到了不该有的、不公正的影响或侵害时，他们与互动对象的关系就会处在纠纷过程中。从静态层面看，纠纷是一种形态的社会关系，表现为两种不一致的相互矛盾的力量之间对抗与争执的互动关系，这种关系会从人际互动空间到公共空间。从动态角度来看，既然纠纷属于一种非均衡的社会关系，那么社会中的纠纷就会随着结构的变迁而发生演化。"[1]"所谓多元纠纷化解机制是指社会通过文化建设和制度建设，营造多种化解人际矛盾或纠纷的有利环境，创造多种化解和解决纠纷的制度、组织或机构及其他社会力量，为社会生活中可能发生的社会矛盾或纠纷提供多种化解渠道和途径。对于一个社会共同体而言，多元纠纷化解机制实质是一种社会调适手段来促使不同的社会关系实现均衡。"[2]

林权纠纷解决法律规则要吸收林权法律政策的合理规定，相关的法律也应该规定司法可以对林权法律政策作出相应的回应。林权法律原则和相关法律原则是判断林权法律政策是否合理的标准。刘思萱的研究成果提供了理论依据和经验借鉴。"（一）贯彻政策理念（1979—1987年），这一时期，司法实际是将相关国家政策理念贯穿到审理合同纠纷案件之中，并通过以案说法等形式加强对企业的政策和法制宣传，以此回应国家政策。（二）协助政策落实（1988—1993年），此时段重在协助相关政策落实，表现为积极参与清理整顿企业并开展破产案件审理。

---

① 陆益龙：《纠纷管理，多元化解机制与秩序建构》，《人文杂志》2011年第6期。

② 同上。

（三）全面实施改革政策（1994—2008 年），此时段全面落实企业改革政策，保障'政策性破产'与非公有制经济的发展。（四）全力保障发展大局（2009 年—），此时段保障民生、促进经济社会协调发展是国家最重要的政策之一，法院对其回应表现为积极挽救企业与服务经济社会发展。"① "司法回应政策的基本样态：（一）作为准法源适用；（二）转化为司法解释；（三）转化为司法性文件。政策内容涵盖面广、形式多样，既是具体的权利义务规则，更多是原则性、方向性的要求。司法回应政策的可能弊端：1. 政策的意外后果可能被扩散。2. 政策目标与法律价值可能存在冲突。3. 司法回应有可能被作为地方保护的正当化借口。4. 政策易变性对司法稳定性的破坏。司法回应政策的理性建构：（一）明确政策在司法中补充性、间接性定位。（二）区分政策效力层级进行不同形态回应。（三）严格设置司法回应政策的程序和标准。（四）个案回应政策应形成指导性案例。"②

三　少数民族地区基层法院财产执行和解机制的创新

　　——基于镇宁县法院的调研③

（一）少数民族地区财产执行和解工作机制创新的必然性

我国尚未建立起完备的信用制度，市场主体的经营活动缺乏有效监管，被执行人规避、逃避执行现象十分突出，被执行人难找、财产难执行成为普遍现象，无财产可供执行的案件占较大比例，有相当一部分刑事附带民事、交通肇事、人身损害赔偿案件和追索赡养费、扶养费、抚育费等案件，因被执行人下岗、重病、服刑或被判处死刑等原因，往往没有财产可供执行，以上诸方面的因素导致了案件执行难。为了解决案件执行难问题，党中央、中央政法委、最高人民法院及各省高级人民法院多次下达了

---

① 刘思萱：《论政策的司法回应——以 1979 年以来我国企业改革政策为例》，《社会科学》2012 年第 4 期。

② 同上。

③ 本文获"第七届中国法学青年论坛征文优秀奖"，是贵州省法学会、贵州财经大学法学院、贵州省镇宁法院共同承担的课题：《少数民族地区基层法院大调解研究》的阶段性研究成果，此课题主要由曹务坤负责，课题组成员主要有曹务坤、李朝俊、吴德恩、胡甲庆、杨正栋、牟克忠、张荣、刘云飞、绍泽春、周建云、李建生、慕德鸣、覃远春及王陪霞等，曹务坤、李朝俊及吴德恩是本文的执笔人，王陪霞为本文写作提供了资料和案件。

有关案件执行方面文件，对执行工作作了部署，尤其强调和谐执行，加强执行和解工作。例如，党中央专门下发了"中发［1999］11号文件"，要求全党全社会大力解决人民法院执行难问题；中央政法委也先后两次下发文件，推动执行难问题的解决。即中央政法委2005年和2007年相继下发了《关于切实解决人民法院执行难问题的通知》和《关于完善执行工作机制加强和改进执行工作的意见》2个文件，部署建立全社会有效联动、综合治理执行难的工作格局和长效机制。最高人民法院印发《关于应对国际金融危机做好当前执行工作的若干意见》的通知，（法发［2009］34号）坚持和谐执行。既要加大执行力度，切实提高执行效率，尽快实现申请执行人债权，又要讲究执行艺术和方式方法，防止激化矛盾，始终坚持执行工作政治效果、法律效果和社会效果的有机统一。多做执行和解工作，完善执行和解机制。通过多做双方当事人的执行和解与协调工作，既维护申请执行人的合法权益，也妥善关照、处理好被执行人的实际困难，提高执行工作的社会效果；既满足申请执行人的实现债权的执行诉求，又保障被执行人正常经营发展或者正常生活。

贵州省是我国基层法院执行和解试点省份，贵州省是少数民族较多的省份，贵州省基层社会具有"民族性"、"落后性"、"半乡土性"等属性。为了搞好基层法院执行和解试点工作，一方面，贵州省高级人民法院在少数民族地区的基层法院推行执行和解试点工作；另一方面，贵州省高级人民法院为基层法院执行和解工作创造良好的环境。贵州省高级人民法院先后制定《执行案件重点环节风险防范规定》、《执行工作流程规则》等9个规范性文件，进一步规范了执行行为。加强与公安、国土等行政机关的沟通协作，进一步完善执行联动威慑机制，加强与银行等金融机构合作，进一步完善被执行人财产查询、控制机制。

我国执行和解制度存在缺陷。"我国现行《民事诉讼法》、《民诉意见》及《执行规定》等法律及司法解释对执行和解制度的规定较为简单，且不同规定之间还存在下位法违反上位法的规定等问题。"[1]"无论是从程序上来，还是从保护合法权益的立法目的上看，现存法律和司法解释对于

---

① 参见兰莎莎《执行和解制度的争议及完善——以〈民事强制执行法草案〉为视角》，《大观周刊》2011年第6期。

执行和解协议的效力规定都存在很大的弊端。"① 在全国基层法院系统，执行和解工作具有复杂性、社会性、地方性和民族性等特质，另外，不少学者从理论上研究了执行和解的性质、效力及制度，一些少数民族地区基层法院正在进行执行和解试点工作。

（二）少数民族地区基层法院财产执行和解工作效果

镇宁县是布依族、苗族自治县，是贵州省贫困县，是贵州省少数民族地区基层法院执行和解试点单位，执行和解工作效果较好，在执行和解中也存在诸多问题，所以选择镇宁县法院作为本课题调研单位具有一定的代表性。

在上级组织和党委及政府的领导下和支持下，镇宁县法院始终保持高度的政治意识、大局意识和责任意识，始终将维护当事人的合法权益和案结事了有机结合起来，以"公正司法，一心为民"为指导方针，贯彻"以人为本，能动司法和变通司法"的司法理念，积极开展"谦抑执行，和谐执行"的执行和解活动，结合镇宁县的实际情况，建构了富有特色的执行和解工作机制，克服执行人员少、案情复杂、执行和解难度大的实际困难。

镇宁县法院党组的领导有方，执行工作人员不懈努力，通力合作，科学执行，执行和解率比较高，执行和解的社会效果好。据统计，2008 年度共收新旧案件 179 件，结案 163 件，结案标的 3309.32 万元，执结标的 53.93 万元，执行和解案件 50 件，执行和解率为 30.71%；2009 年度共收案件 179 件，结案 172 件，执结标的 793.82 万元，执行和解案件 47 件，执行和解率为 27.33%；2010 年度共收案件 235 件，结案 120 件，结案标的 674.1 万元，执行和解案件 137 件，执行和解到位标的 622.37 万元，执行和解率为 67.35%；2011 上半年共收案件 107 件，结案 73 件，结案标的 250.99 万元，执行和解案件 49 件，和解标的 187.44 万元，执行和解率为 67.12%。

镇宁县法院已于 2010 年被贵州省高级人民法院列为三个基层人民法院和解执行试点之一，在贵州省高院执行工作检查中，得到充分肯定和高度赞扬，在铜仁江口召开的贵州省中级法院执行局长会上的交流发言中，镇宁县法院执行和解方法被贵州法院网录用刊登，浏览人数达 13187 人。

---

① 　参见常怡、肖瑶《执行和解制度若干问题研究》，《甘肃政法学院学报》2010 年第 9 期。

《安顺日报》数次对镇宁县法院执行和解工作进行了报道，也被《新华网》多次转载。迄今，无涉执案件当事人到市、省、及北京上访。执行工作取得了良好的政治效果、法律效果和社会效果，得到了上级部门的充分肯定和人民群众的一致好评。

（三）少数民族地区基层法院财产执行和解机制的创新方法论

1. 整合资源，创设财产执行和解对接机制

为了破解"执行难"问题，镇宁县政法委牵头建构案件执行联动机制。2009 年，镇宁县委政法委牵头，与县纪委、组织部、宣传部及检察院等相关部门共同制定了执行和解联席会议制度，从工作机制上支持人民法院依法公正地行使执行权，与县纪委、组织部、城建、工商、金融等 22 个部门联合下发《镇宁自治县人民法院执行工作实行多部门联动的规定》，与县纪委、宣传部、公安、人事劳动等 12 部门联合下发《镇宁自治县人民法院执行工作威慑机制》，形成全社会都来关心支持执行工作的外部环境。镇宁自治县政法委牵头，与有关部门建立基层协助执行网络，明确各乡（镇）政法委书记及各村支书、主任为执行联络员，充分发挥基层组织的作用，配合人民法院做好执行工作。

在县政法委牵头建构案件执行联动机制的基础上，县法院应该整合行政资源、司法资源和社会资源，创设执行和解对接机制。其一，法院内部系统对接。执行和解人员与执行和解合议庭和院党组对接。若在执行和解案件中遇到困难，则执行和解人员可以请示执行和解合议庭加以解决，若执行和解合议庭也无法解决，则可以请示院党组协助处理。其二，与高校法学专家、企业及乡村文化人士和权威人士对接。若遇到执行和解理论难题，则与高校法学专家对接，邀请他们参与执行和解的讨论。镇宁县法院已与贵州财经大学法学院建立了司法实践研究合作关系；若遇到与企业或乡村有关的执行和解的案件，则邀请企业或乡村文化人士和权威人士参与执行和解。其三，与公安、人大、乡（镇）党委、政府及村组干部对接。若遇到有关执行和解方面的"难点"、"热点"和"焦点"问题，则积极通过院党组向党委、人大请示汇报，紧紧依靠党委的领导，积极寻求政府部门及基层组织支持，邀请基层组织干部参与执行，充分利用他们基层工作经验丰富、熟悉地理环境、了解风土人情的便利条件，说服教育，促成和解。例如，曾志明申请执行刘玉莲的土地侵权一案，被执行人以争议的土地其已使用多年为由，拒绝履行义务，且抵触情绪较大，如果采取强制

执行，执行效果有可能不佳，因为被执行人长期重病卧床。针对被执行人的具体情况，于是邀请被执行人女儿所在的单位领导协助执行和解。2009年12月1日，中共黄果树工委副书记、政法委书记李盛维召集镇党委书记、镇政法书记等领导到其办公室，同时，邀请双方当事人到场，协助执行人员做了三个多小时的耐心疏导工作，促使双方最终达成和解协议。一起涉法涉诉信访积案，在当地党委、政府的支持下得以顺利执结。

2. 弘扬"变通司法"理念，建构多元化的财产执行和解方法

执行和解是在民事执行过程中，申请执行人和被执行人、甚至案外人就生效法律文书确定的履行义务主体、标的物及数额、履行期限和履行方式等内容，在互谅互让、自愿协商的基础上达成协议，经执行人员确认后，按协议履行完毕，从而结束执行程序的履行方式，由此可见，执行和解实质上是变通司法的一种形式。另外，根据法学理论，法律是地方性知识，镇宁县又是布依族、苗族自治县，所以，弘扬"变通司法"理念，建构多元化的执行和解方法，这是势在必行的。下面，对一些执行和解方法作简要介绍。

（1）情理感化法。所谓情理感化法是指晓之以理，动之以情，以取得被执行人的理解、信任和配合，促使执行和解。在清理积案中，虽然有的案件的被执行人的履行能力差，案件进入执行程序时间已久，案件一时难以执结，但是，当事人之间的争议有了一定程度的缓和。对此类型案件，可以采用情理感化法。例如，"多次信访、上访的周良刚、潘胜华申请执行下河头电站、王光兴人身损害赔偿案"，该案2001年受理执行，经执行人员多次劝解，下河头电站履行了义务，而被执行人王光兴仅履行赔偿义务2.8万元中的800元后，就外出打工。由此，权利人周良刚、潘胜华死了2个男孩的精神赔偿费迟迟得不到，曾多次到县人大、县政府上访，并一同与"土律师"多次到法院闹事，其影响了法院正常工作。化解执行积案中，执行人员得知被执行人王光兴已从外地打工回家，执行人员驱车赴王光兴家进行耐心劝解，即晓之以理，动之以情，王光兴终于表示在3日内借4000元人民币支付给权利人周良刚、潘胜华，其余的赔偿金再每年支付6000元。一起多年积案得以和解执行。针对被执行人对判决适用法律上的疑义进行耐心细致的解释，使之从内心接受判决，主动履行判决义务。如"梁明川、伍应辉、伍龙福等十人与被执行人镇宁自治县兴旺油脂厂劳动争议纠纷十案"，受理该"十案"后，紧紧围绕化解社会

矛盾为重点开展工作，执行人员多次深入被执行企业，耐心、细致地做思想工作，充分释法析理，最终促使被执行人镇宁自治县兴旺油脂厂与十案申请执行人达成执行和解协议，被执行人将应补发十案申请人的工资及解除劳动合同的经济补偿共计人民币 12 万余元交到我院，一起群体性案件在十日内全部和解执行到位。

（2）对接和解法。所谓对接和解法是指邀请有关部门参与执行劝解，促使当事人和解的方法。镇宁县气象局申请执行刘长林、刘长春土地侵权纠纷一案，该案因气象公益事业的需要，气象部门依法征用了刘长林、刘长春的土地作为修建气象设施之用，又因刘长林、刘长春的阻挠，征地两年多未能使用。气象局诉至法院，法院判令刘长林、刘长春停止侵权。判决进入执行后，刘长林、刘长春多次阻挠气象局施工，为此公安机关曾出警三次对刘长林、刘长春进行劝说和教育，但都无济于事，最终达不到解决问题的目的。法院强制执行方案制定后，执行人员邀请执行联络员——城关派出所负责人及片区民警三次利用休息时间到刘长林、刘长春家做疏导工作，刘长林、刘长春见法官、警官利用休息时间到他们家做思想工作，他们深受感动，终于道出了隐情：一是希望小孩能有个相对固定的职业；二是担心自来水公司不给其在争议地旁安装水管，法官、警官趁热打铁，派出所负责人当即表示，只要其小孩身体健壮，没有劣迹，即报名政审后，可到派出所当协警，执行法官也现场联系了自来水公司相关人员，协调刘长林、刘长春的水管安装事宜。两点要求得到满足后，刘长林、刘长立即表示，第二天就可以与气象局签订执行和解协议书。一桩看似非要采取强制执行的骨头案，在派出所负责人及片区民警的大力支持协助下得以迎刃而解。该案的执结，化解了矛盾纠纷，增强了综合治理效果，维护了司法权威与辖区稳定和谐。

（3）以"刚"促"柔"法。所谓以"刚"促"柔"法是指通过"强制"的方法促使被执行人和解。和解是执行的最佳方式，但是，有些被执行人若不采取强制措施，则案件就难以兑现。在说服无效的情况下，依法采取强制执行，即对被执行人采取查封、冻结等措施，当被执行人迫于强制压力，就自愿与申请人达成和解协议。例如，执行干警经过艰辛努力，冒严寒、顶酷暑，五次赴天津执结的贵州红星发展股份有限公司申请执行天津津京玻壳股份有限公司买卖合同纠纷一案，申请标的 179 万余元，执行到位标的 232 万元。该案申请执行人是本县支柱企业，被执行人天津津京玻壳公司是受金融危机的影响，基本停产，处于面临重组的企业。执行人员果断采取查封资产、冻结股权、查询银行账户等强制措施，以促使被执行人自觉履行，但一段时间后，天津津京玻壳公司仍无还款之意。由于在异地执行有诸多不便因素，查封的财产变现不了，二十多个银行账户仅有几千元钱，执行一度搁浅。同样，受金融危机影响，经济拮据的红星公司更是心急如焚。为切实保护申请人的合法权益，为企业解困，救活企业，执行人员调整工作思路，确定了该案的执行突破口——执行股权变现。但是，新问题出现了，执行人员从未涉足过股权这一新类型案件，要变现更是难上加难。执行法官学习相关知识，经过艰辛努力，多次周旋于天津津京玻壳公司、天津工商、证券管理等部门，最终办完了相关股权扣划手续，当天津证券管理部门准备扣划玻壳公司 70 万元股权抵债时，玻壳公司迫于法律的威严、急于保住股权的心情，主动与红星公司达成和解协议，并及时筹款 232 万元汇入我院账户，作为偿还红星公司的货款和利息以及相关损失。该案的执结，不管是标的额的大小、加倍利息的百分百到位，还是执行的艰辛程度以及所采取的执行措施，都是镇宁自治县法院执行工作史上的亮点。红星公司在领取款项时道出了心声——出乎公司意料之外的到位金额，使其渡过了难关，对我院表示衷心感谢。

（4）顺应少数民族民俗法。所谓顺应少数民族民俗法是指派遣少数民族执行人员参与执行和解，在此过程中，尊重少数民族风俗习惯。镇宁自治县是多民族聚居县，其中布依族和苗族人口占总人口的 60% 以上。在执行中尊重少数民族传统节日、风俗习惯，对维护民族团结，维护社会稳定，形成各民族和睦相处，有不可低估的作用。在执行过程中"两注重"做好少数民族地区执行工作，即注重使用民族语言调解和注重尊重少数民族当事人风俗调解，力促案结事了人和。首先是针对绝大部分农村当事人除了会讲本民族语言外，不会讲其他语言的实际情况，为了能够与少数民族当事人沟通，院党组从业务部门选调 3 名熟悉执行业务的少数民族法官到执行局工作，以便言语上亲近，体现执法亲和力，为进村入户做少数民族当事人的思想工作奠定基础；其次是规定少数民族传统节日前后不得开展强制执行活动，有悖于少数民族风俗习惯的行为不能为（如到布依族人家时，不得触动神龛和供桌，不得踩踏火塘边的三脚）等等，在处理涉及民族禁忌习俗的案件时保持谨慎小心，注意入乡随俗，和他们交朋友，为执行调解工作创造轻松氛围，赢得少数民族群众的尊重。同时要求凡是涉及少数民族当事人的案件，首先采取和解方式，尽最大可能和解结案，达到和谐稳定的目的。开展执行和解试点以来，涉及少数民族当事人的案件中和解执行 12 件。

（5）现代通讯工具促和解法。所谓现代通讯工具促和解法是指通过现代通信工具与外地当事人沟通和协调，达到执行和解的方法。在执行工作中，执行局针对一方或双方当事人是外地人员（如交通事故赔偿、合伙经营纠纷等案）来往不便的实际情况，执行人员充分利用电话、传真、手机短信、QQ 聊天等工具与外地当事人进行沟通、协调，促使当事人和解执行，一旦达成协议后通过传真方式予以确认，并传真收条、银行账号，由执行人员与财务人员办结支付手续后，将执行款存入权利人账号。使当事人足不出户即能将案件和解执结。今年以来，通过此方式和解执行的就有 4 件。如我院受理执行的"张荣金申请执行黄果树风景区大圣旅游开发有限责任公司表演合同纠纷一案"，申请标的 8 万余元，该案申请人张荣金系安徽人，现在在山东做生意，只能电话联系。执行法官得知此情后，通过电话、发短信，耐心、细致地做双方当事人的工作，促使双方在电话中协商，最终达成了申请人只要求被执行人支付人民币 6 万元，余款自愿放弃，达成和解执行协议。被执行人于协议后第二日将款如数交到法院，执行人员即将款汇至申请人账户。该案从立案到将款汇至申请人账户，仅用了十五天的时间，申请人在收到款后，说出了心里话："没有想到人在外地，又没有熟人，法院会这么快就将案件执行，并及时款汇给我，这使我改变了以前对法院的看法。"

3. 与高校法学院及相关部门合作，成立财产执行和解研究机构

一方面，从 2008 年到 2011 上半年案件和解执行统计数据看，尽管执行局采取了各种方法，尽管费了不少心血，刑事案件财产部分和解执行率和交通事故案件由责任人承担赔偿部分的和解执行率还是很低，有些案件的和解执行率也不稳定；另一方面，如何科学地评价执行和解的效果？如何科学地跟踪执行和解案件？如何建构科学的执行和解工作流程和工作制度？如何激励有关执行和解的工作人员的工作积极性？如何化解一些执行和解的理论难题？如何构建执行和解法律制度？这些问题客观上都要求从理论层面或政策层面或法律制度层面进行深入而系统研究。为了得出一些执行和解方面研究成果，镇宁县院与贵州财经大学法学院及相关部门合作，成立执行和解研究机构，深入而系统地研究执行和解的实践、理论及

法律制度的构建及完善等问题。

（四）少数民族地区基层法院财产执行和解机制创新中的困惑及对策

困惑一及对策。执行和解工作经费不足。就整体而言，与强制执行相比，执行和解工作量更大，需要更多的人力、需要更多的财力和物力。当事人对判决的认识，对履行义务的认识，对执行和解人员的接受和认可等方面存在差异，当事人的具体情况不同，有些当事人流动性大，当事人所在地的民族风俗不同，当事人接受执行和解有一个过程，这势必要求执行和解工作人员三番五次与当事人沟通和协商，有些执行和解案件需要相关部门人员参与，这势必要求执行和解工作人员邀请相关部门人员，进而言之，执行和解需要一系列的费用。据统计，执行和解一个案件需要费用少则数百元，多则数千元，而执行和解一个案件下拨的经费不足。执行和解工作经费不足可以从两个方面加以解决。一方面，在年度预算中，增加执行和解工作经费；另一方面，力争执行和解方面的财政拨款。

困惑二及对策。没有执行和解对接人员工作业绩评价机制。由于诸多方面的原因，有不少案件进行执行和解时，需要相关部门的领导或工作人员参与。虽然有关政策作了规定，协助执行和解是他们的义务，但是从长计议，从"责""权""利"内在关联性看，根据人是"经济人"和"社会人"的原理，应该制定执行和解对接人员工作业绩评价机制，激发他们的工作积极性。然而，执行和解对接工作人员所在部门没有执行和解对接人员工作业绩评价机制。联合有关部门对执行和解对接人员工作业绩评价机制的制定进行调研，向上级有关部门提交执行和解对接人员工作业绩评价机制（试行）方案，随后，进行执行和解对接人员工作业绩评价机制试点，条件成熟时，全面推行执行和解对接人员工作业绩评价机制。

困惑三及对策。执行和解理论障碍和法律制度的缺陷。执行和解中存在不少理论障碍：法院判决书主文中确定判决内容的履行期限，部分被执行人通过执行和解来拖延执行，执行和解协议的法律效力执行，和解中当事人的意思表示，执行和解能否提高执行效率，执行人员应如何在执行和解中发挥作用，法院应如何行使对和解协议的审查权，债务人利用和解协议逃避债务，当事人对和解协议进行反悔，如何计算申请恢复执行的期限等。现行法律没有对以上执行和解问题作出具体规定，有些有关执行和解的法律制度存在缺陷。充分利用高校法学院法学专家研究资源、有关部门及本院有关人员的实践经验和本土资源，联合他们研究执行和解理论和法律制度。

困惑四及对策。没有执行和解研究经费。对执行和解中存在实践问题、理论问题和法律制度进行深入而系统研究，既需要有深厚法学理论功底的"法律人"，又需要有实践经验的"法律人"，又需要一定的人力、物力和时间，即需要一定的研究经费，但是没有执行和解研究经费。对此，一方面，在年度预算中增加执行和解研究经费项目，争取财政拨款；另一方面，争取研究执行和解联合部门的经费支助，争取有关部门以纵向课题的方式给以经费支助。

第四章

集体林权制度改革理论研究^①

第一节　集体林权制度改革的必然性

一　集体林权制度改革的必要性

《森林法》和《森林法实施条例》等林权制度存在缺陷，尤其是集体林权主体确定不清，集体的林地、森林和林木的权能未分开，其权能也未被充分发挥，尤其集体林权的生存价值被忽视，这就需要对集体林权制度进行改革。同时，《中共中央国务院关于全面推进集体林权制度改革的意见》（2008 年 6 月 8 日）深刻阐述集体林权制度改革的重要意义，《中共中央国务院关于全面推进集体林权制度改革的意见》（2008 年 6 月 8 日）规定："（一）集体林权制度改革是稳定和完善农村基本经营制度的必然要求。集体林地是国家重要的土地资源，是林业重要的生产要素，是农民重要的生活保障。实行集体林权制度改革，把集体林地经营权和林木所有权落实到农户，确立农民的经营主体地位，是将农村家庭承包经营制度从耕地向林地的拓展和延伸，是对农村土地经营制度的丰富和完善，必将进一步解放和发展农村生产力。（二）集体林权制度改革是促进农民就业增收的战略举措。林业产业链条长，市场需求大，就业空间广。实行集体林权制度改革，让农民获得重要的生产资料，激发农民发展林业生产经营的积极性，有利于促进农民特别是山区农民脱贫致富，破解"三农"问题，推进社会主义新农村建设。（三）集体林权制度改革是建设生态文明的重

① 此章是贵州省科技厅、贵州财经大学软科学联合项目，（黔科合体 R 字［2010］LKC2004 号）——《贵州集体林权制度改革跟踪研究》的阶段性研究成果。

要内容。建设生态文明、维护生态安全是林业发展的首要任务。实行集体林权制度改革，建立责权利明晰的林业经营制度，有利于调动广大农民造林育林的积极性和爱林护林的自觉性，增加森林数量，提升森林质量，增强森林生态功能和应对气候变化的能力，繁荣生态文化，促进人与自然和谐，推动经济社会可持续发展。（四）集体林权制度改革是推进现代林业发展的强大动力。林业是国民经济和社会发展的重要公益事业和基础产业。实行集体林权制度改革，培育林业发展的市场主体，发挥市场在林业生产要素配置中的基础性作用，有利于发挥林业的生态、经济、社会和文化等多种功能，满足社会对林业的多样化需求，促进现代林业发展。"另外，《中共中央国务院关于全面推进集体林权制度改革的意见》（2008 年 6 月 8 日颁布）规定了也富含了民法精神、物权法精神、经济法精神及环境法精神。集体林权制度改革政策是林权取得法律的公平原则的延伸，是林权流转法律的效率原则的延伸，是林权法律的生态原则、生存原则和发展原则的延伸。

二　集体林权制度改革的可能性

从制度经济学的维度看，集体林权制度改革政策是社会的"公共产品"，集体林权制度改革实质上是为农村提供"公共产品"。从理论上说，集体林权制度改革的是否可能有两个关键因素：一是农民是否需要集体林权制度改革政策；二是国家能否提供集体林权制度改革政策。制约林业发展的重要的因素是林权主体、客体、内容、变动及保护等方面的缺陷，而集体林权制度改革政策的目的是解决这些缺陷，集体林权制度改革政策的目的是为农民发展林业提供基础，是赋予农民完整的林权，促使农民增加林业收入和维护生态环境，这与农民的心愿和利益期望相符合，所以，农民需要集体林权制度改革政策。国家能够提供集体林权制度改革政策。从法治维度看，集体林权制度改革的可能性的重要因素乃是符合法治原理，进而言之，集体林权制度改革政策是否符合法律精神，笔者认为，集体林权制度改革政策符合民法精神、物权法精神及环境法精神等法律精神。从经验维度看，集体林权制度改革的试点省份（自治区）的实践为集体林权制度改革积累了经验，国有农场和林场的林权制度改革也为集体林权制度改革提供了经验，有些省份（直辖市、自治区）林地承包经营方面的实践，也为集体林权制度改革提供经验。另外，国外成熟的林权制度也为集体林权制度改革提供了经验。我国具备了集体林权制度的五大动因的条件。"集体林权制度改革的动因有五:资源稀缺的原始动因;利益的刺激和诱导;经济效率的激励;人类需求的变化;林业外部环境的变迁。"①

第二节 集体林权制度改革的法律精神

一 集体林权制度改革的民法精神

《民法通则》第 4 条规定了民法的原则,而民法原则是民法精神的折射,所以从此意义上说,民法原则就是民法精神。《民法通则》第 4 条规定:"民事活动应当遵循自愿、公平、等价有偿、诚实信用的原则。"诚信、契约自由及公平交易都是民法精神,集体林权制度改革体现了"诚信、契约自由、物尽其用及公平交易"等民法精神。《中共中央国务院关于全面推进集体林权制度改革的意见(2008 年 6 月 8 日颁布)》规定:"明晰产权。在坚持集体林地所有权不变的前提下,依法将林地承包经营权和林木所有权,通过家庭承包方式落实到本集体经济组织的农户,确立农民作为林地承包经营权人的主体地位。对不宜实行家庭承包经营的林地,依法经本集体经济组织成员同意,可以通过均股、均利等其他方式落实产权。放活经营权。对商品林,农民可依法自主决定经营方向和经营模式,生产的木材自主销售。对公益林,在不破坏生态功能的前提下,可依法合理利用林地资源,开发林下种养业,利用森林景观发展森林旅游业等。落实处置权。在不改变林地用途的前提下,林地承包经营权人可依法对拥有的林地承包经营权和林木所有权进行转包、出租、转让、入股、抵押或作为出资。"

《中共中央国务院关于全面推进集体林权制度改革的意见》规定:"在坚持集体林地所有权不变的前提下,依法将林地承包经营权和林木所有权,通过家庭承包方式落实到本集体经济组织的农户,确立农民作为林地承包经营权人的主体地位。对不宜实行家庭承包经营的林地,依法经本集体经济组织成员同意,可以通过均股、均利等其他方式落实产权。"同时,这些规定也为契约自由和公平交易提供了基础,因为这些规定既解决

---

① 谭世明、张俊发:《集体林权制度改革研究述评》,《湖北社会科学》2008 年第 6 期。

了林地和林木的使用权和承包经营权的主体问题，又解决了农民的一些恒产问题，而林地和林木的使用权和承包经营权的主体和恒产是实现契约自由和公平交易的必要条件。

不管是发展经济作物，发展畜牧业，还是危房改造，做生意，农民都需要资金，由于自筹资金不够，他们需要到金融机构贷款，一般而言，农民与金融机构之间的关系是陌生人关系，财产担保或找一个双方都熟悉的人或组织担保，这是陌生人之间发生借贷关系的前提条件，因为信任是交易的基础。所以在农村，为了到信用社能够贷款，农民就请乡村干部作为贷款担保人，因为乡村干部与信用社工作人员的关系是熟人关系。林木所有权和林地承包经营权是农民的重要的财产，集体林权制度改革所规定的"落实处置权和放活经营权"就是解决农民的财产信用问题，解决财产特定和增值问题。根据美国社会学法学的创始人罗斯科·庞德的观点，法律的目的是最大限度满足社会需求，是维护和促进社会文明，是社会调控的工具。允许林地所有权和林地承包经营权流转，以至于提高农民在社会中的信任度，从而提高农民对农村土地承包经营权流转法律规则的信任，促使农村社会普遍信任度和特殊信任度的提高。

二　集体林权制度改革的物权法精神

所有权和他物权分离及"物尽其用"是物权法的精神，集体林权制度改革的目的是林地所有权和林地承包经营权分离，是充分利用林木和林地。《中共中央国务院关于全面推进集体林权制度改革的意见（2008年6月8日颁布）》规定："在坚持集体林地所有权不变的前提下，依法将林地承包经营权和林木所有权，通过家庭承包方式落实到本集体经济组织的农户，确立农民作为林地承包经营权人的主体地位。对不宜实行家庭承包经营的林地，依法经本集体经济组织成员同意，可以通过均股、均利等其他方式落实产权。自然保护区、森林公园、风景名胜区、河道湖泊等管理机构和国有林（农）场、垦殖场等单位经营管理的集体林地、林木，要明晰权属关系，依法维护经营管理区的稳定和林权权利人的合法权益。"这些规定的目的是使林地和林木等物的价值最大化，充分利用林地和林木的使用价值，最大限度挖掘林地和林木的交换价值，进而言之，这些规定体现了"物尽其用"的物权法精神；另一方面，这些规定也体现了所有权和他物权分离的法律精神。

三　集体林权制度改革的环境法精神

环境正义、环境公平及人与自然和谐相处是环境法精神。"《环境基本法》，促进中国环境法律体系向可持续发展和生态法的方向发展。主张在中国环境法律体系建设中，强调环境正义、环境公平、人与自然和谐相处等理念。"①《中共中央国务院关于全面推进集体林权制度改革的意见（2008 年 6 月 8 日颁布）》规定："公益林的划分和补偿及放活经营权是集体林权制度改革中的重要内容，公益林的划分和补偿及放活经营权的目的是保护环境资源，维护生态平衡。实行商品林、公益林分类经营管理。依法把林地条件好、采伐和经营利用不会对生态平衡和生物多样性造成危害区域的森林和林木，划定为商品林；把生态区位重要或生态脆弱区域的森林和林木，划定为公益林。对商品林，农民可依法自主决定经营方向和经营模式，生产的木材自主销售。对公益林，在不破坏生态功能的前提下，可依法合理利用林地资源，开发林下种养业，利用森林景观发展森林旅游业等。集体林权制度改革是建设生态文明的重要内容。建设生态文明、维护生态安全是林业发展的首要任务。实行集体林权制度改革，建立责权利明晰的林业经营制度，有利于调动广大农民造林育林的积极性和爱林护林的自觉性，增加森林数量，提升森林质量，增强森林生态功能和应对气候变化的能力，繁荣生态文化，促进人与自然和谐，推动经济社会可持续发展。"这些规定体现了环境正义、环境公平及人与自然和谐相处等环境法精神。

第三节　集体林权制度改革的原则和路径

一　集体林权制度改革的原则

《中共中央国务院关于全面推进集体林权制度改革的意见》第 6 条规定："基本原则：坚持农村基本经营制度，确保农民平等享有集体林地承包经营权；坚持统筹兼顾各方利益，确保农民得实惠、生态受保护；坚持尊重农民意愿，确保农民的知情权、参与权、决策权；坚持依法办事，确保改革规范有序；坚持分类指导，确保改革符合实际。"从《中共中央国务院关于全面推进集体林权制度改革的意见》第 6 条的规定看，一方面，集体林权制度改革的基本原则就是林权的生存原则和保护生态原则，尤其突出了林权的生存原则。另一方面，集体林权制度改革也体现了"诚信、契约自由、物尽其用及公平交易"等民法精神，体现了环境正义、环境公平及人与自然和谐相处等环境法精神，体现了"物尽其用"的物权法精神，也体现了所有权和他物权分离的法律精神。法律原则是法律精神的折射，从此意义上说，集体林权制度改革也蕴含了有些民法原则、物权原则及环境法原则。

二　集体林权制度改革的路径

纵观《中共中央国务院关于全面推进集体林权制度改革的意见》若干条规定，集体林权制度改革的途径有二条。一条途径是：深化改革→完善政策→健全服务→规范管理→林业发展机制。此途径的总体进路是：规范→事实→规范，其依据是《中共中央国务院关于全面推进集体林权制度改革的意见》第 7 条的规定。《中共中央国务院关于全面推进集体林权制度改革的意见》第 7 条规定："总体目标。用 5 年左右时间，基本完成明晰产权、承包到户的改革任务。在此基础上，通过深化改革，完善政策，健全服务，规范管理，逐步形成集体林业的良性发展机制，实现资源增长、农民增收、生态良好、林区和谐的目标。"另一条途径又分 2 条线索：第一条线索是：中共中央→省（直辖市、自治区）党委→市（州、地区）党委→县（区、市）党委→乡（镇）党委→村支委。第二条线索是：国务院→省（直辖市、自治区）政府→市（州、地区）政府→县（区、市）政府→乡（镇）政府→村委会→自然村、组及民间组织。此途径的总体进路是：上级党政机关→基层党政机关→基层自治组织和民间组织。其依据是《中共中央国务院关于全面推进集体林权制度改革的意见》的第 19 条、20 条及 21 条的规定。《中共中央国务院关于全面推进集体林权制度改革的意见》第 19 条规定："高度重视集体林权制度改革。各级党委、政府要把集体林权制度改革作为一件大事来抓，摆上重要位置，精心组织，周密安排，因势利导，确保改革扎实推进。要实行主要领导负责制，层层落实领导责任。建立县（市）直接领导、乡镇组织实施、村组具体操作、部门搞好服务的工作机制，充分发挥农村基层党组织的作用。"

《中共中央国务院关于全面推进集体林权制度改革的意见》第 20 条规定：
"切实加强和改进林业管理。各级林业主管部门要适应改革新形势，进一
步转变职能，加强林业宏观管理、公共服务、行政执法和监督。要深入调
查研究，认真总结经验，加强工作指导，改进服务方式。推行林业综合行
政执法，严厉打击破坏森林资源的违法行为。要加强森林防火、病虫害防
治等公共服务体系建设，健全政府主导、群防群治的森林防火、防病虫
害、防乱砍滥伐的工作机制。建立科技推广激励机制，加大培训力度，实
施林业科技入户工程。加强基层林业工作机构建设，乡镇林业工作站经费
纳入地方财政预算。"《中共中央国务院关于全面推进集体林权制度改革
的意见》第 21 条规定："努力形成各方面支持改革的合力。集体林权制
度改革涉及面广、政策性强。各有关部门要各司其职，密切配合，通力协
作，积极参与改革，主动支持改革。各群众团体和社会组织要发挥各自作
用，为推进集体林权制度改革贡献力量。加强舆论宣传，努力营造有利于
集体林权制度改革的社会氛围。"

第五章

贵州集体林权制度改革研究[①]

第一节　贵州集体林权制度改革的理论选择

一　贵州集体林权制度改革的"本体论"理论选择

集体林权制度改革是什么呢？在理论界，存在三种不同集体林权制度改革释义理论。"集体林权制度改革有三种释义理论。基于产权理论的林权制度改革释义。集体林权制度是我国土地制度、农村经济组织形式在林业中的具体体现，是一种共有产权制度安排。我国集体林地所有权归属集体经济组织，而集体林地使用权和林木所有权既可以归属集体经济组织，也可以归属集体经济组织成员。集体林木被划分为自留山和责任山，农户成为自留山和责任山的使用权主体，即共有产权向私有产权进行了转变，有助于提高配置效率。基于委托代理理论的林权制度改革释义。林业'三定'之后，在集体林的经营管理方面，农户与集体形成了事实上的'委托代理关系'，即集体林为共有产权，由集体经济组织成员共同所有，而经营权由集体经济组织承担，然而，集体经营管理中存在的委托代理关系不符合委托代理理论，同时，这也是导致集体林资源低效配置，所有权国有主体利益无法充分实现的理论根源。村民委员会将集体林低价转出寻租行为层出不穷。基于经济增长理论的林权制度改革释义。提高集体林资源配置效率关系到集体林区广大农户的切身利益，进而影响到'三农问题'中的核心问题——'农户增收

　　① 此章是贵州省科技厅、贵州财经大学软科学联合项目，（黔科合体 R 字［2010］LKC2004 号）《贵州集体林权制度改革跟踪研究》的阶段性研究成果，也是贵州省教育厅高校人文社科项目《贵州集体林权制度改革中的法律问题研究》的阶段性成果。

难'问题的破解。农户收入来自于其所拥有的资源转化为商品。因此,'农户增收难'问题在于向商品转化的资源数量较低或者转化过程的效率较低等方面。"① 从《贵州省人民政府关于开展深化集体林权制度改革工作的意见》的规定看,贵州省选择了第一种集体林权制度释义理论。《贵州省人民政府关于开展深化集体林权制度改革工作的意见》的规定:"通过改革,基本建立起'产权归属明晰,经营主体到位,责权划分明确,利益保障严格,流转程序规范,监管服务有效'的集体林业产权制度,实现'山有其主、主有其权、权有其责、责有其利'"。

二 贵州集体林权制度改革的集体林权主体理论选择

从权利主体的层面看,三种不同的集体林权制度的完善就是集体林权制度改革的集体林权主体理论。在理论界,存在三种不同的集体林权制度改革的集体林权主体理论。"如何完善集体林地经营制度一直是学术界关注的焦点,目前有三种代表性的观点。第一种观点认为,坚持完善集体林地的分户承包经营。第二种观点认为,集体林地经营方式的选择应坚持多维角度,结合林业特点综合加以考虑。集体林地经营方式选择要考虑三个方面的基本因素,一是各利益主体的偏好;二是林业经营本身的特点;三是林农经营能力及收入水平。第三种观点认为,坚持完善集体山林股份合作制。"② 贵州推行集体林权制度改革中,选择了第二种集体林权制度改革的集体林权主体理论。《贵州省人民政府关于开展深化集体林权制度改革工作的意见》规定:"建立多元化的林业经营主体,以家庭承包经营为主的原则根据当地森林资源状况和经济发展水平等实际情况,因地制宜,充分尊重群众意愿,自主选择改革的形式和方法,不搞'一刀切';自留山、责任山已'两山并一山'的,应予稳定;自留山、责任山被集体以行政手段收归统一经营,大部分群众强烈要求归还的,应当归还农户经营。产权到户,家庭经营或联户经营对集体统一经营且群众比较满意的山林,经本集体经济组织的村民会议三分之二以上成员或村民代表大会三分之二以上村民代表同意,可以实行集体统一经营。对不宜采取家庭承包方

---

① 张秀丽、谢屹、温亚利、李洪:《中国集体林权制度改革现状与展望》,《世界林业研究》2011 年第 4 期。

② 谭世明、张俊殳:《集体林权制度改革研究述评》,《湖北社会科学》2008 年第 6 期。

式的宜林荒山荒地，通过招标、拍卖等方式，本着先内后外的原则，依法承包给本集体内部成员或其他社会经营主体，也可以将宜林荒山荒地承包经营权折股分配给本集体内部成员后，再实行承包经营或股份合作经营。"

三　贵州集体林权制度改革的集体林权客体理论选择

贵州集体林权制度改革的集体林权客体实质上就是贵州集体林权制度改革的集体林权范围。视角不同，存在不同的集体林权制度改革的集体林权客体理论。根据所有权主体不同，集体林权客体可以分为集体所有的林权和国家所有集体使用的林权；根据林地的性质不同，集体林权客体可以分为"四荒"和非"四荒"；根据林木性质不同，集体林权客体可以分为公益林和商品林；贵州在实施集体林权制度改革中，选择了广义的集体林权客体理论，即选择了多视角的集体林权客体理论。《贵州省人民政府关于开展深化集体林权制度改革工作的意见》规定："改革范围主要是尚未落实经营主体的集体商品林及其林地和县级以上人民政府规划的集体所有的宜林荒山荒地。对抵押权未解除、权属有争议的林地、林木，在有关问题未得到有效解决前，暂不纳入改革范围。对县级以上人民政府区划界定的公益林，要落实经营管护责任制。"

四　贵州集体林权制度改革的集体林权流转理论选择

"集体林地权流转"这概念与"农村土地承包经营权流转"这概念之间存在交叉关系，集体林权流转和农村土地承包经营权流转在本质上是一样的，即都是农民的重要的财产权变更，都是不动产权变更，所以从此意义上说，集体林地权流转理论就是农村土地承包经营权流转理论。对于"农村土地承包经营权流转"的概念，在学术界存在许多不同的观点，现介绍几种主要的观点。

第一种观点认为，"学术界研究土地承包经营权流转时，较多采用农村土地流转的概念。学者对于农村土地流转的含义有着各种不同的观点，至今仍没有形成共识。较流行的观点认为，土地流转即土地所有权或使用权在不同经济实体（企业或农户）之间的流动和转让；除特别说明外，农村土地流转是指农村土地使用权的流转。"[①] 第二种观点认为，"土地承

---

① 蒋月等：《农村土地承包法实施研究》法律出版社 2006 年版，第 75 页。转摘刘甲朋、崔巍：《中国农村土地流转研究观点综述》，《经济纵横》2003 年第 6 期。

包经营权流转的概念，宜分别定义。在家庭承包方式的情况下，土地承包经营权属于物权，土地承包经营权流转是指土地承包经营权人将土地承包经营权或者土地承包经营权中部分权能移转给他人的行为。而在其他方式承包情况下，土地承包经营权属于债权，土地承包经营权流转是指不改变土地承包合同的内容，承包人将合同权利全部或部分转让给第三人的行为。"① 第三种观点认为，"农村土地承包经营权流转是指在农村土地承包中的物权性质的土地承包经营权有效存在的前提下，在不改变农村土地所有权属性质和主体种类与农村土地农业用途的基础上，原承包方（即流出方）依法将该物权性质的土地承包经营权或者从该物权性质的土地承包经营权中分离出来的部分权能等具体民事权利转移给他人（即流进方）的行为。"② 第四种观点认为，"农村土地使用权流转就是旨在保持集体土地所有权主体不变，确保家庭承包经营制度长期稳定的前提下，土地使用权在不同市场主体之间的转移与交易。"③ 第五种观点认为，"农地承包经营权流转指的是，拥有农地承包经营权的农户保留承包权，将土地使用权有偿转让给其他农户或经济组织。"④ 第六种观点认为，"土地承包经营权流转是指土地承包经营权在市场机制的作用下，在集体组织内部承包经营户之间、非同一集体组织承包经营户之间以及承包经营户与非承包经营户的组织个人之间所产生的，以转让、出资、出租、抵押、继承、赠予为主要方式的积极作为的土地承包经营权财产权发生转移的行为。"⑤ "从广义上说，农村土地承包经营权流转是指农村土地承包经营权的变动，即农村土地承包经营权的取得、变更和消灭。从狭义上说，农村土地承包经营权流转是指农村土地承包经营权主体和农村土地承包经营权内容的变更。"⑥ 由此可见，"集体林权流转"这概念具有广义和狭义两个层面。实际上，贵州在集体林权制度改革中，选择了广义上的"集体林权流转"，即集体

---

① 蒋月等：《农村土地承包法实施研究》，法律出版社 2006 年版，第 75 页。

② 丁关良：《农村土地承包经营权流转法律制度的现存问题与修正建议——以〈农村土地承包法〉为主要分析依据》，《华侨大学学报（哲学社会科学版）》2005 年第 1 期。

③ 蒋月等：《农村土地承包法实施研究》，法律出版社 2006 年版，第 75 页。

④ 蔡玲：《论农村土地承包经营权流转》，《党政干部论坛》2003 年第 6 期。

⑤ 李光禄、侣连涛：《农村土地承包经营权的法律思考》，《山东科技大学学报（社会科学版）》2003 年第 2 期。

⑥ 曹务坤：《农村土地承包经营权流转研究》，知识产权出版社 2007 年版，第 148 页。

林权流转是指集体林权的取得、变更和消灭。

根据集体林权流转发生法律效力的要件不同，可以把集体林权流转模式分为三种模式，即意思主义集体林权流转模式、债权形式主义集体林权流转模式和物权形式主义集体林权流转模式。所谓意思主义集体林权流转模式是指只要具备集体林权流转主体的债权合意的要件，就能使集体林权流转发生法律效力。所谓债权形式主义集体林权流转模式是指除了具备集体林权流转主体的债权合意的要件外，还需具备践行登记或交付的要件，才使集体林权流转发生法律效力。所谓物权形式主义农村土地承包经营权流转模式是指除了具备集体林权流转主体的物权合意的要件外，还需具备践行登记或交付的要件，才使集体林权流转发生法律效力。

五　贵州集体林权制度改革的集体林权登记理论选择

登记是不动产物权变动的公示方式，它与不动产物权变动之间有内在关联性。有什么登记态度，必然有什么不动产物权变动模式与其相适应。反之亦然，即有什么不动产物权变动模式，必然有什么登记态度与其相对应。据研究，就整体而言，对于法律行为引起的物权变动，我国是采用债权形式主义。从应然的角度看，对于集体林权的取得，我国应该采用登记生效主义。集体林权的客体是林地、森林及林木，林地、森林及林木属于不动产，所以集体林权的变动应该采用登记生效主义。从实然的角度看，一方面，就整体而言，对于因法律行为引起不动产物权变动的，我国是采用登记生效主义。由于集体林权登记具有统一性和强制性等特质，地方变通立法的空间小，贵州集体林权制度改革的集体林权登记理论则选择我国统一的登记生效主义。

六　贵州集体林权制度改革中纠纷解决理论的选择

归纳起来，对于集体林权制度改革纠纷解决而言，存在几种不同理论，即主要通过行政机制解决集体林权纠纷，主要通过调解解决集体林权纠纷，主要通过仲裁解决集体林权纠纷，主要通过诉讼解决集体林权纠纷。在集体林权制度改革中，主要通过行政机制解决集体林权纠纷，通过调解解决集体林权纠纷，尤其非常注重行政调解方式解决集体林权纠纷。贵州集体林权制度改革中选择了行政方式解决集体林权纠纷为主的模式。《贵州省森林林木林地流转条例》第28条规定："发生森林、林木、林地流转争议的，当事人可以自行和解，也可以请求村民委员会、乡镇人民政府等调解或者向人民法院提起诉讼。涉及农村土地承包经营权的森林、林木、林地流转发生的争议，当事人和解、调解不成或者不愿和解、调解的，可以依法申请农村土地承包仲裁委员会仲裁。未涉及农村土地承包经营权的森林、林木、林地流转发生的争议，当事人和解、调解不成或者不愿和解、调解的，可以按照以下规定申请依法处理：（一）个人之间、个人与单位之间发生的森林、林木、林地流转争议，向所在地乡镇人民政府或者县级人民政府申请依法处理。（二）单位之间发生的森林、林木、林地流转争议，向所在地县级人民政府申请依法处理。（三）跨行政区域的森林、林木、林地流转争议，向其共同的上一级人民政府申请依法处理。当事人对人民政府的处理决定不服的，可以依法申请行政复议或者向人民法院提起诉讼。"《贵州省森林林木林地流转条例》第 29 条规定："县级以上人民政府设立的农村土地承包仲裁委员会负责森林、林木、林地争议纠纷的仲裁。农村土地承包仲裁委员会及仲裁员中应当有熟悉林业法律、法规和政策的人员。"

第二节　贵州集体林权制度改革的现状①

一　制定了有关贵州集体林权制度方面的地方法规

贵州省人大先后颁布实施了《贵州省森林林木林地流转条例》、《贵州省森林公园管理条例》等地方性林业法规，为依法加强森林资源保护管理提供了有力的法律保障。为积极推进林权制度配套改革，搞好金融服务林业工作，中国人民银行贵阳中心支行、贵州省财政厅、中国银行业监督管理委员会贵州监管局、中国保险监督管理委员会贵州监管局和贵省林业厅联合出台了《贵州省林权抵押贷款实施意见》（以下简称《意见》），中国农业银行贵州分行和贵州省林业厅联合出台了《贵州省农业银行贵州省

---

① 贵州集体林权制度改革的现状的资料来源有三个渠道：其一，课题组成员杨凡、黄繁盛、孙光辉、刘鹏，以张开育等已从贵州财经大学毕业的学生田野调研所收集的第一手资料。其二，通过熟人所收集的贵州省一些县（市）集体林权制度改革工作总结。其三，到贵州财经大学省情图书室、电子期刊及一些网站所收集的贵州省集体林权制度改革情况。基于对方的要求，有些资料没有公开出处的详细情况。

林业厅关于开展森林资源资产抵押贷款工作的意见》（黔农行发〔2009〕223号），中国人民银行、财政部、银监会、保监会、林业局联合下发的《关于做好集体林权制度改革与林业发展金融服务工作的指导意见》，贵州省政府制定了《贵州省集体林权制度改革确权发证办法》。贵州省各州（市）政府根据本州（市）的具体情况，都制定了集体林权制度改革工作的意见、工作方案及相关规章制度。例如，2007年7月，贵阳市政府出台了《贵阳市人民政府关于全面推进集体林权制度改革工作的意见》，2008年1月，批准执行《贵阳市集体林权制度改革实施方案》，结合实际情况制定了林权工作应急预案、档案管理、责任追究、奖惩、督查、例会、典型发言和定期通报制度。

二 因地制宜的确定、落实林权制度改革的范围和方式

（一）确定了"自留山和责任山"承包经营权的归属。已划定的自留山实行"生不增，死不减"方式，长期无偿使用的自留山和责任山可以流转，不得强行收回，自留山上的林木除划定时另有约定外，归农户所有，不得随意收回调整。全家迁移到城镇的，原则上不收回自留山，自留山可以流转。对"三定"和"四固定"时期分配给村民的自留山，几户在同一林班①内且无争议，可以将自留山面积按比例分摊。全家迁移到城镇的，其自留山没有委托他人经营或流转的，经村民会议或村民代表会议2/3以上成员同意，可将其自留山分给其他农户。自留山和责任山抛荒后，由集体收回造林的或委托他人造林的，山上林木收入应在造林者所占比例高于70%的基础上与原山主分成，但要补签协议，期限从林权制度改革之日起定为30年以上，协议期满后，林地的使用权归原山主，或由集体重新分配发包。户与户之间的自留山、责任山的面积差距过大，有以下情况的，可重新调整：一是死亡绝户，原自留山主或责任山主死亡，且死者没有子女和其他法定继承人的，其经营的山林可由集体收回，重新分配；二是承包期届满的责任山，可以由集体收回重新发包；三是承包者举家迁入城镇转为非农业户口，自己提出将承包的山林退回集体另行处理的，可以收回集体重新发包。对已承包到户的责任山，原承包户去世后，无继承人的，由集体收回重新落实林权；继承人户口不在本乡镇的，经与

---

① 林班是指同一块自留山。

继承人协商，可依法流转，确定新的权属所有者。原承包户外迁后，将林地转让给他人，并已经签订协议的，按协议落实林权；外迁时，转包给他人，权属落实给原承包人；原"责任山"主经营管护不力或改变林地用途的，经村民或村民代表大会三分之二以上成员表决通过，可以重新分配。自留山、责任山已"两山并一山"的，应予稳定；自留山、责任山被集体以行政手段收归统一经营的，大部分群众强烈要求归还的，应当归还农户经营。林权制度改革前，集体或个人在他人抛荒的自留山、责任山造林形成的山林，原则上按"谁种、谁有、谁受益"的政策执行，当事人双方应按政策规定，补充和完善合同，明确林地使用权、使用期限。

（二）确定了自留山和责任山的林木所有权归属。在自留山或责任山开荒耕作，但未办理农村土地承包经营权证的，由权属人在 2 年内造林绿化，造林绿化后发（换）林权证。林权制度改革前，集体或个人在他人抛荒的自留山、责任山造林形成的山林，原则上按"谁种、谁有、谁受益"的政策执行，当事人双方应按政策规定，补充和完善合同，明确林地使用权、使用期限和林木所有权，合同期限从林改之日起不少于 30 年，造林者要求登记的林木所有权的 70% 以上归造林者，林地使用权归自留山、责任山主。农户在集体荒山、采伐迹地上投资造林的，落实"谁造谁有"的政策，但应完善合同，合同期限从林改之日起不少于 30 年。行政村并村后，原有的乡镇、组（原生产队）、个人和其他合法拥有的林地、林木所有权和使用权不变，即原村、组所有权和使用权仍由原村、组集体组织成员所共有，不得因并村而重新划拨给并村后的其他村民组。

（三）落实了自留山和责任山的承包经营权和林木所有权证的"发"和"换"。

林业"三定"时期已发自留山林权证，"四至"确定后，收回旧证，换发新证，新证记载的面积以实际测量为准，旧证记载的面积作为参考。拒不执行者，经村民会议或村民代表会议 2/3 以上成员同意，可将其自留山分给其他农户。有自留山但无证的，要查看"三定"时的档案，若县政府登记造册，应认定为自留山；若未登记造册，但大多数村民认可或经村民认可或经村民会议（村民代表会议）2/3 以上成员同意，也可以认定为自留山。对"三定"和"四固定"时期分配给村民的自留山，几户在同一"林班"内且无争议，可以将自留山面积按比例分摊。如果"四至"清楚，但面积不符的，以"四至"为准，在没有林权争议的情况下，重新核实面积，换发林权证。外迁时，既未转让又未转包给他人的，经与"外迁户"①协商同意，或在告知"外迁户"的前提下，可由集体收回林地，重新落实林权，核发林权证。林权制度改革前，集体或个人在他人抛荒的自留山、责任山造林形成的山林，原则上按"谁种、谁有、谁受益"的政策执行，当事人双方应按政策规定，补充和完善合同，明确林地使用权、使用期限和林木所有权，合同期限从林权制度改革之日起不少于30年，造林者要求登记的林木所有权的70%以上归造林者，林地使用权归自留山、责任山主。农户在集体荒山、采伐迹地上投资造林的，落实"谁造谁有"的政策，但应完善合同，合同期限从林权制度改革之日起不少于30年。合同期满后，林地的使用权归还相应的集体经济组织，用于非林业生产的，期限恢复林地，并按林地管理有关法律法规处理。对承包集体荒山造林以及受让林地、森林、林木的，可以按协议确定的权属给承包或者受让方核发林权证。原林权所有者分家后，按分家时家庭成员签订有关协议落实林权，核发林权证。对未列入退耕还林工程而由农户自发退耕后形成的林地，经农户自愿申请且符合法定条件的，可核发林权证，本次林权制度改革前，已经颁发非全国统一式样林权证的，权属明晰，林权权利人此次也须申请换发全国统一样式的林权证，原非全国统一样式的林权证一律废止，由县林业局收回保存。自留山、责任山到户后，群众林权意识不强，出现"你造我的山，我又造了你的山"的情况，对此应当由当事人按照尊重历史，实事求是，相互协商，达成共识的原则进行协商解决，并按协商一致的结果核发林权证。对联营造林的原则上林地使用权落实给原林权拥有者，联营造林收益按双方协议落实，协议作为登记依据之一，并在林权证上予以注明；对上世纪70—80年代等大户联户承包集体林地造林、合同到期，又未采伐林木获取收益的，要本着尊重历史、公平、公正的原则，直接续包或经清算后续包、转包，重新签订承包合同，换发林权证。群众合作造林，原则上以"三定"时的台账为准，实行"谁种、谁有、谁受益"。

　　（四）采取相应方法处理"集体统一经营管理，未承包到户"的林地、森林及林木。各乡镇可根据当地森林资源状况和经济发展水平，结合社情民意，村情林情、因地制宜，分类改革，一村一策，不搞"一刀

①　外迁户是指全家户口已经迁出本村组的家庭。

切"。但不管采取什么方式，都必须将林木使用权、林木所有权和经营权明晰到经营主体，不能继续以往那种由少数人说了算，经营主体不明，责权模糊不清的"大锅山、大锅林"经营管理模式，原则上采取以下方式处理：（1）"分股不分山，分利不分林"，对集体统一经营且群众比较满意的山林，经本集体经济组织的村民会议或村民代表会议三分之二以上成员通过，可以继续实行村民集体统一经营，但要将现有林地、林木均摊或折股量化分配给集体组织内部成员均等持有，即"均股、均利"，通过发放股权证等形式，明确经营权和利益主体，实行林权到户，集中管护，民主管理，财务公开，单独核算，收益的70%以上按股权多少分配，剩下部分用于管护开支和扩大再生产。（2）产权到户，家庭经营或联户经营对山林面积较大，群众对林业依赖程度较深的乡村，可以实行"均山、均林"，即对集体统一经营的山林，按人口折算人均面积，以户为单位承包经营，或自由组合，承包经营。（3）对林权制度改革前承包给个人管护的集体山林，合同期未满，管护较好，大多数村民同意维持原合同的，可维持原合同不变，待合同期满后再行延包，或重新发包，承包所得收益除管护费外，应按"均利"的方式平均分配给集体经济组织内部成员。（4）划为国家重点公益林的集体山林，集体经济组织可以将其承包到户或联户进行管护，签订管护合同，把管护责任落实到山头地块，要严格按照"天保工程"有关要求，禁止商品性采伐，使之最大限度地发挥生态效益，并给予适当补偿或管护补助。（5）划为地方重点公益林的集体山林，其管护方式与国家重点公益林同等，但在保证生态效益不受破坏的前提下，允许林主按有关规定和技术规程，经县林业局办理手续后，适度开展抚育间伐，更新采伐，低效林改造，实现森林资源的可持续经营和利用。（6）承包到户管护的"公益林"允许继承，但不得转让。（7）村民不愿意承包管护公益林的，也可不承包到户，乡镇政府要责令村集体经济组织采取其他方式落实管护措施。（8）制定优惠政策，鼓励林主在公益林区从事森林旅游开发，林副产品开发和林下种植活动，并逐步建立公益林基金，直接受益于生态公益林的供水、风景旅游、林地矿产开发，征占用公益林地等经营单位或个人缴纳生态公益林补偿金制度；积极支持公益林区的防火，病虫害防治和优良种苗开发推广等公益性建设，使公益林得以健康发展，发挥更大的生态效益。（9）已享受"退耕还林"政策的农户，此次林权制度改革权益与其他农户同等对待。（10）其他方式：①对不宜采取家庭承包方式的宜林荒山荒地（包括可以用封山育林和造林的石漠化、半石漠化山地），原则上按照家庭承包——联户承包——招标——拍卖的顺序，先内后外，依法承包给本集体内部成员或其他社会经营主体，也可以将宜林荒山荒地等承包经营权折股、分配给本集体内部成员后，再实行承包经营或股份合作经营，不管采取何种方式，都必须经村民会议或村民代表会议三分之二以上成员同意，并签订承包合同。合同期限原则上为50年，特殊情况可延长到70年。确因放牧需要，经村民会议或村民代表会议三分之二以上成员同意作为放牧山的荒山荒地不列为林权制度改革的范围。②对单片面积在30亩以下，零星分散的集体林地，可将林木所有权和林地使用权按片作价后承包给个人经营，林木转让费一次性收取，林地承包费逐年收取，承包前必须经村林权制度改革工作小组集体作价，经村民大会或村民代表会议三分之二以上成员同意，收取的费用由集体经济组织成员分配。为实现规模经营，鼓励将宜林荒山依法向懂经营、有实力的承包大户或其他经营主体流转，或以户为单位划片承包经营，或自由组合联户承包经营。③稳妥处理已经流转的集体山林和承包管理的山林。对已经流转、程序合法、手续完备的，要维护其权属；群众意见较大的，要本着尊重历史，依法办事的原则，妥善处理，山林流转受益70%以上应平均分配给本集体组织内部成员。

三　勘界确权率和林权证发（换）率高

据统计，自集体林权制度改革以来，贵州省共完成勘界确权 12907.7 万亩，占集体林权制度改革面积 13370.7 万亩的 96.53%。其中：自留山 2242.9 万亩、均山到户 5659.6 万亩、联户承包 1342 万亩、大户承包 1918.53 万亩、集体股份经营面积 688.4 万亩、集体统一经营管理面积 688.8 万亩、其他形式经营面积 361.9 万亩。共发（换）林权证 687.2 万本，发证面积 12702.7 万亩，占已勘界确权 12907.7 亿亩 98.44%，发证宗地共 1070.14 万宗。2011 年 6 月，贵阳市完成了外业勘界确权面积 412.63 万亩（含退耕还林面积 26.92 万亩），占参加集体林权制度改革面积的 96.59%，发放林权证 20.93 万户，12.94 万本，26.55 万宗地，面积 410.7 万亩（含退耕还林面积 26.92 万亩）发证率为 96.14%。2011 年 3 月，开阳县已确权集体林地面积 131.0416 万亩，占 95.4%（确权发证率）。共完成勘界宗地 116333 宗，发（换）林权证 56774 本。在已确权发证的面积 131.0416 万亩中，责任山 73.5387 万亩，占 56.14%，自留山 40.0404 万亩，占 30.55%，集体山（均山均利均股）15.9482 万亩，占 12.17%，纯集体管理 0.558 万亩，占 0.42%，流转国有管理的 0.0928 万亩，占 0.07%，其他 0.8635 万亩，占 0.65%。2010 年 5 月，金沙县发（换）集体林权证 7.6 万份，宗地数 28.34 万宗，面积 325.83 万亩（其中：林地所有权证 1477 份，宗地数 8859 宗，面积 162.91 万亩。林地使用权和林木所有权、使用权证 74498 份，宗地数 27.46 万宗，面积 162.91 万亩），颁证率达 100%。金沙县 26 个乡（镇）完成外业勘界 6859 宗，勘界面积 13 万亩。在集体林权制度改革工作中调解林权纠纷 7 起，完成了 1 个乡 4634 户农户的林权登记，共颁发了林权证 1705 份。其中，沙土镇发证户数 4483 户，共计颁发林权证 4672 本，其中：林地使用权证 4569 本，林地所有权证 103 本。源村乡发证户数 2562 户，共计颁发林权证 2612 本，其中：林地使用权证 2554 本，林地所有权证 59 本。箐门乡发证户数 2562 户，共计颁发林权证 2713 本，其中：林地使用权证 2654 本，林地所有权证 59 本。2010 年 10 月，镇宁县区划确权宗地 92.5 万亩，在集体统一的商品林中，通过"分利不分林"的方式落实经营主体的林地面积 34.98 万亩，发放了 8551 户林权证。2007 年 11 月，锦屏县林权制度改革确权面积完成 173.6 万亩，占纳入集体林权制度改革面积的 99.2%，勾绘宗地 13.4 万宗。在勾绘的宗地中，自留山 4.1 万宗，面积 16.0 万亩；责任山 6.9 万宗，面积 100.1 万亩；集体经营的山林（含各级各类乡村林场）2.4 万宗，面积 57.5 万亩，分别占确权面积 173.6 万亩的 9.2%、57.7%、33.1%。全县已经发（换）林权证和正在发（换）林权证的有 153 个村，共计宗地数 9.7 万宗，面积 141.7 万亩，发证率为 80.9%。普定县确权集体林地使用权和集体林木所有权 36.4 万亩，责任山 2.8 万亩，自留山 3.7 万亩，其他林地 0.4 万亩；家庭承包集体林地率 94.2%，登记率 96.4%，确权发证率 96.4%。从江县确认林权 210019.1 亩，发放林权证 73439 本。自留山面积 31960.01 亩，占集体林地面积的 13.65%，责任山面积 75856.33 亩，占集体林地面积的 32.39%，其他方式承包林地的面积 7698.13 亩，占集体林地面积的 3.29%。黔南州已确权林地面积 2015.53 万亩，面积确权率 97.03%，发放林权证 302.384 本，发证率为 97.45%。绥阳县核发林权证 69600 本，林权证发放率 88.6%。德江县确权到户集体林地面积 90666.7 亩，发放林权证 102146

本。凯里市外业勘界确权面积完成93.9419万亩，勘界率99.27%；勾绘宗地12.48万宗。全市林权申请登记有203个村（居委），共有12.48万宗地，面积93.9419万亩。目前我市已完成发证面积89.2950万亩，占全市应发证面积的95.05%；未发证面积4.6469万亩，占全市应发证面积的4.95%。

丹寨县发放林权证面积53400亩，占全县应发林权证面积的87.3%，发证户数28024户，发证本数28133本。余庆县确定林地权属面积7.92万亩，占应改面积的95.13%；核发林权证45486户，51646本，发证面积7.92万亩，占确权面积的100%。丹寨县集体组织经营林地1273.33亩，占林地面积的1.93%，家庭承包经营的自留山、责任山59920亩，占林地面积的91.16%。黔西县确定自留山28.1万亩，完善责任山44.5万亩，其他经营主体承包经营6.3万亩。黎平县已完成确权发证率98.7%。雷山县自然保护区集体林确权面积共达12239宗，落实到户或经营实体的林地和分户登记的面积达53万亩，占集体林面积的90%，发放林权证4758份。

四　纠纷多，调解率高

贵阳市共发生林权纠纷6297起，面积40.64万亩，其中已调解5113起，调解面积34.56万亩，调解率为85%。在林权制度改革中，锦屏县发生山林纠纷1695起，面积111019亩，已经调解1660起，面积97944.1亩，面积调解率为88.2%。开阳县共发生林权纠纷1502起，（除与国有林发生的502起外），面积27494.1亩，已调解林权纠纷1299起，面积24904.36亩，调解率86.5%。金沙县发生纠纷140起，调解纠纷137起。镇宁县共排查纠纷148起，排查面积14071亩，调解137起，调解面积11430亩，纠纷调解率81.23%。台账没有登记的，协商解决，有争议，且双方拿不出直接证据的，按合作造林处理，双方实行比例分成。对权属争议较大无法达成协议的，由辖区内政府、涉及部门、村级组织采取"自下而上"的方式，逐级依法调解。丹寨县林权纠纷267起，调处234起。余庆县纠纷1950起，调处1872起，调解率为96.0%。黔南州共发生林权纠纷4154起，已调处3585起，林权纠纷调解率为89.8%。凯里市林地林木纠纷735起，面积3.7078万亩。已成功调处547起，面积3.0212万亩，调解率81.48%；调处未成功188起，面积0.6865万亩。黄平县林地纠纷共 3950 起，有 641 起林地纠纷未解决。"在本次林改过程中，开阳县共发生林权争议 1502 起（与国有林场发生的 502 起争议），仅调处了林权林界争议 1299 起。由于历史的原因，长期以来，集体林地与国有林权林地纠纷不断，面积达 6645.9 亩，严重影响了林改的顺利开展。凯里市调处未成功 188 起林权纠纷，面积 0.6865 万亩。"①

五　贵州省公益林划分情况

根据《公益林与商品林分类技术指标》，林业分类经营是指根据社会对森林生态和经济的两大需求，按照森林多种功能主导利用原则，相应地将森林、林木、林地区划为不同类别。公益林是为维护和创造优良生态环境，保持生态平衡，保护生物多样性等满足人类社会的生态需求和可持续发展为主体功能，主要是提供公益性、社会性产品或服务的森林、林木、林地；商品林是以生产木（竹）材和提供其他林特产品，获得最大经济产出等满足人类社会的经济需求为主体功能的森林、林地，主要是提供能进入市场流通的经济产品。贵州省公益林面积 7993.74 万亩，重点公益林面积 4621.05 万亩，地方公益林面积 3372.69 万亩。地方公益林中天保工程区 2452.32 万亩，地方公益林中的天保工程区和重点公益林均有拨付管护费。从江县公益林面积 42795.51 亩，商品林面积 51708.83 亩。黔西县公益林 107.3 万亩，商品林 64.6 万亩，黔西县洪水乡永平村，公益林和商品林的比例为 45：55，68.68% 的林木由集体管理，都有自己的神山、风水林、保寨林、社鼓山、寨老树等。丹寨县公益林面积 25400 亩，占林地面积的 38.64%，商品林地面积 40333.33 亩，占林地面积的 61.36%。按现行的林种划分标准，生态公益林由特种用途林和防护林两个林种组成，其中特种用途林包括国防林、自然保存林、环境保护林、实验林、文化纪念林、种子林、风景林；防护林包括水源涵养林、水土保持林、防风固沙林、护岸护路林、农田牧场防护林和其他防护林等。雷山县国家公益林面积较大，总面积达到 93.85 万亩，占全县林地面积的 67%，其中雷公山自然保护区面积 53.69 万亩，占全县林地面积的 36%。

---

① 《凯里市集体林权制度改革工作总结》，2010 年 12 月。

六　贵州生态公益林补偿情况

按照 2009 年中央林业工作会议精神，从 2010 年起，国家生态公益林每年每亩补偿 10 元，省级生态公益林每年每亩补偿 5 元，补偿标准明显偏低。如按林龄 25 年的杉木人工近熟林每株每亩 40 株、每株 80 元计算，25 年内平均亩产值 128 元，而补偿标准不到其产值的 10%，不及林农每年在一亩林地上采伐一棵树的收入。余庆县以每年每公顷 75 元的标准进行生态效益补偿。"2011 年，我省由中央财政补偿的国家级公益林面积从 2010 年 1766 万亩增加到 4448 万亩，补偿资金由 1.7 亿元增加到 4.4 亿元；配合天保二期工程的实施，长江流域的地方公益林管护补助纳入中央财政补助范围。"[1]

熟练掌握地形图判读、勾绘、求算面积等业务知识和技巧，又懂电脑操作的技术人员有限。黔西南州、六盘水市和安顺市岩溶区，根据重点公益林的区划界定标准，岩石裸露率在 35%—70% 之间，且集中连片 30 公顷以上的有林地、疏林地和灌木地均已分化界定为重点公益林。相反，岩溶区连片面积小于 30 公顷的零星林地则主要区划界定为地方公益林。

"据统计，到 2010 年末，全省共建立自然保护区 106 个，保护区总面积 82.53 万公顷，约占全省国土总面积的 4.71%。其中，国家级自然保护区有 7 个，面积 19.2 万公顷，占全省保护区总面积 23.2%；地方级保护区 99 个（省级保护区 3 个，市、县级保护区 96 个），面积 63.33 万公顷，占全省保护区总面积的 76.8%。"[2] 补偿标准过低，地方公益林补偿仅是重点公益林补偿标准的十分之一。地方公益林的补偿金比例为省地县三级按 4∶3∶3 匹配，但多数地县财政无力负担。"公益林林权制度变革中的缺陷和不足。公益林林改后，同权不同利。公益林林改后，公权力行使受限，不利于公益林的保护。公益林林改后，生态补偿不到位。"[3] 对采取"均股均利"的集体林和已均山到户的自留山或责任山，按照不同情况进行单户管护与联户管护、将公益林的管护权和大部分补偿金以及收

---

① 《贵州省林业厅厅长金小麟在全省市林业局长会议上的讲话》，2012 年 2 月 9 日。

② 贵州省林业办公厅：《我省林业系统自然保护区建设 30 年取得显著成绩》，《贵州林业简报》2011 年第 10 期。

③ 吴萍：《我国集体林权制度改革背景下的公益林林权制度改革》，《法学评论》2012 年第 2 期。

益权（林木林地所有权仍属于集体所有）先均山均权均利到户，然后，在联户管护，使之结成"共同体"。

七 贵州集体林权流转情况

（一）制定了有关集体林权流转的地方法规和政策

先后颁布了《贵州省森林木林地流转条例》、《贵州省林权抵押贷款实施意见》、《贵州省土地整治条例》、《贵州省林业厅关于加快林业产业发展的指导意见》、《贵州省公益林保护和经营管理办法》及《贵州省人民政府关于修改〈贵州省征占用地补偿费用管理办法〉的决定》等地方法规和政策。

（二）建构了集体林权流转工作机制

息烽县、锦屏县、习水县、务川县、凯里市等县都构建了集体林权流转工作机制，成立了林权交易中心。"息烽县成立林权流转管理中心，林区流转管理中心有专职人员负责。制定了《林权流转程序》。"① 林权流转程序：林权双方当事人签订流转合同，个人之间流转林权时，应该报村委会同意后，经县林权流转管理中心批准。集体经济组织或村委会流转，需要经过三分之二村民或三分之二村民代表同意并进行公示无异议，且进行评估后，报县林权流转管理中心批准。

各县都制定了并实施有关农民合作经营组织的机制。一是建立合作经营组织。以村为基础，通过调查摸底，提出建立合作经营组织的框架，在征求大多数林农意愿的基础上，建立以林业专业合作社为主导，以家庭联合经营、委托经营、合作制、股份制等模式为补充的新型林业经济合作组织。二是制定合作组织经营管理章程。在意愿相同或相近的农户群体中，选出1至3名威信高的农户作为牵头人，由乡政府派出专人针对不同的合作经营模式指导起草相关章程，经过全体合作农户代表讨论通过后予以实施。三是开展合作经营活动。根据相关政策规定，合作经营组织正式在工商部门登记注册和备案后，县市区有关部门和乡镇人民政府要专人指导牵头人组织合作农户开展生产经营活动（包括编制森林经营方案和产业发展规划，制定乡规民约，建立健全防火、防病虫害、防偷砍盗伐的群众性"三防"组织，发展林业生产示范户，实行林业重大事项公示制度），积

---

① 洪杰：《息烽县林权流转工作探索》，《贵州林业》2011年第2期。

极扶持、宣传林业产业发展示范户，引导和鼓励农民发展林下经济。四是开展农民林业专业合作社示范县和示范合作社建设活动，力争有 1 个以上的县达到国家示范县建设标准，10 个以上的合作社达到国家示范社标准。

（三）流转方式不多，流转面积不大

"息烽县共完成林权流转面积 817.9 亩，涉及农户 79 户。奇志生态园林 500 余亩林地的使用权及林木的所有权和使用权变更到清涛公司的名下用于发展肉牛养殖和生态农业观光。为了确保息烽县永靖镇新罗村地热开发需要，将涉及地热范围的林地采用一年一租的方式流转到息烽县国资公司名下。流转方式为：由息烽县永靖镇人民政府牵头，县国资公司、县发改局、林业主管部门等部门参与的流转小组召集所涉及的 77 户农户开会，在征得全部农户的同意下，采取一年一租（30 元/年亩），在不改变林地用途的情况下，采伐林木的方式将范围内 156 宗，317.9 亩林地流转给县国资公司，并和息烽县国资公司签订了流转合同 77 份。"① 目前，尽管商品林所有权属于农户，但采伐权仍在林业部门。毕节地区流转集体林权24932.7 亩（含大户承包）。"据贵州省金融办副主任柴清山介绍，贵州自2009 年全面开展林权抵押贷款以来，全省林权抵押贷款余额已经超过 4.5亿元。"②

（四）农民对集体林权流转的现状不满意

从主观意识层面看，大部分农民对集体林权流转现状感觉不满意，特别是有一部分农民对集体林权征用相当不满意，因为由于集体林权征用而使他们成为了"三无"农民或成为移民，相对于集体林权被征用之前，他们的生活更加艰辛。也有相当一部分农民对集体林权流转现状感觉一般。由此可见，就整体而言，现行集体林权流转效果不令人满意。究其原因，现行集体林权流转不能给大部分农民带来应有的经济利益。

（五）集体林权的入股率、抵押率和转让率低

课题组在访谈中得知：集体林权的入股率、抵押率和转让率低，这就说明集体林权的使用价值和交换价值都没有发挥出来；集体林权流转规模太小，这就导致贵州省农业生产方式仍然主要是采用"粗放型"落后的

① 洪杰：《息烽县林权流转工作探索》，《贵州林业》2011 年第 2 期。
② 杨洪涛：《贵州：林权抵押贷款逾 4.5 亿"绿色银行"加速发展》，新华网贵州频道，2011 年 12 月 9 日。

传统农业生产方式，这"粗放型"落后的传统农业生产方式必然导致贵州省农业生产效率低，甚至在不少的农村还出现了许多林地"抛荒"现象。由此可见，贵州省农用土地利用率低，这使贵州省本就落后的农业生产雪上加霜。

（六）对集体林权流转的引导和监管不够

对集体林权流转的引导和监管不够主要表现在以下两个方面：一方面，集体林权的征用率偏高，其他率太高，集体林权流转的登记率太低，有不少的农村出现了不少林地"抛荒"的现象；另一方面，没有出现集体林权流转服务组织，没有制定有关鼓励集体林权流转和监管等方面的地方法规。

第三节　贵州集体林权制度改革政策

一　引言

贵州集体林权制度改革中所存在的法律问题蕴含了二层含义：第一层含义是林权法律制度的缺陷。第二层含义是贵州集体林权制度改革政策的缺陷。贵州集体林权制度改革中所存在的问题已经在林权法律规则和法律政策中论述，不再重述。

为了深化集体林权制度改革，落实《中共中央国务院关于全面推进集体林权制度改革的意见》的精神，贵州省的各市（州、地区）都制定了集体林权制度改革的政策，尤其各县（区）都制定了集体林权制度改革实施方案，这些集体林权制度改革政策的作用和合理性毋庸置疑，然而，这些集体林权制度改革政策也存在一些不令人满意的地方，有些集体林权制度改革实施方案违背了集体林权法律精神和原则，从而导致有些地方集体林权制度改革并没有达到预期的效果，同时，也引发了一些法律问题。

贵州集体林权制度改革政策所涉及的内容诸多，归纳起来，它主要涉及以下几个方面：贵州集体林权主体制度改革政策、贵州集体林权客体制度改革政策、贵州集体林权流转制度改革政策、贵州公益林制度改革政策、贵州集体林权监管制度改革政策及贵州集体林权纠纷制度改革政策等。下面，拟运用法社会学、法人类学及规范分析法等方法检讨贵州集体林权制度改革政策所存在的缺陷，在此基础上提出一些了完善贵州集体林权制度改革政策的建议，以起到抛砖引玉之作用。

二　贵州集体林权主体制度改革政策

《中共毕节地委毕节地区行署关于全面深入推进集体林权制度改革，充分调动农民林业生产积极性的意见》（毕地党发［2010］28 号）第 2 条 2 款规定："对不宜落实到户的，要积极引导和鼓励农民在本集体经济组织内部进行股权买卖和有偿转让、归并，使股权向有能力、懂经营、会管理的农户集中；或经股民大会同意，通过公开招标，以租赁、承包、拍卖等形式进行林权流转，培植林业专业大户。"《中共毕节地委毕节地区行署关于全面深入推进集体林权制度改革，充分调动农民林业生产积极性的意见》（毕地党发［2010］28 号）第 2 条 3 款规定："对在主体改革中以户为单位分山分林而又以联户形式发证的，必须再次进行分户发证工作，把林权证发到农户手中，将联户发证比例降到最低限度。"此两条规定是不合理的，因为它限制农民集体经济组织处分集体林权的权利，限制了农户处分集体林权的权利，这既违背了《物权法》和《农村土地承包法》，又与集体林权制度改革的法律精神相左，也不符合"经济理性人"原理。是否林权流转，这是林权人的处分权，政府没必要引导和鼓励他们。集体林权制度改革的民法精神是给予林权人处分林权的自由。根据"经济理性人"原理，完全行为能力的林权人是理性的经济人，他们能够理性决定是否流转林权。另外，此两条规定具有偏向林业专业大户的意图。对此两条规定不合理的条款应该修改，即去掉"使股权向有能力、懂经营、会管理的农户集中"和"通过公开招标，以租赁、承包、拍卖等形式进行林权流转，培植林业专业大户"的规定。

《息烽县集体林权制度改革实施方案》（2008 年 1 月 18 日）规定："林业产权确权发证达不到 90% 的乡村，暂不安排采伐指标。""库区移民在何处参加林改的政策不明确，移民迁出地难以开展林改。"[①]"我县国土面积为 258.09 万亩，其中林地面积为 137 万亩，林权制度改革工作共涉及 15 个乡（镇）、330 个行政村，依据 2005 年森林资源二类调查资料，除去黄果镇、移民区及非林地等，应纳入本次林改的面积为 95.5 万

---

① 《贵阳市集体林权制度改革工作总结》，2011 年 6 月 16 日。

亩。"① 以上规定不合理。影响乡村的林权证发证率的因素诸多，如林权证发证涉及的不同法律主体的权利和职责，不仅与乡村的职责有关，还与权利人、发证机关及林权是否确定等因素有关。林木采伐指标涉及林权人的林木采伐权，也与乡村的林木采伐所获取的收入有关。若因为林权证发证率达不到90%，则不安排采伐指标，意味着剥夺了林权人的林木采伐权。另外，此规定也没有法律依据，违反了"依法行政"的原则。后者的规定把移民排除在林权改革之外是不公平的，也不符合《农村土地承包法》、《物权法》及《森林法》等法律。因此，应该删除"林业产权确权发证达不到90%的乡村，暂不安排采伐指标"的规定，应该把移民也纳入林权制度改革的主体范围。

"稳定自留山，完善责任山政策：……（3）有自留山但无证的，要查看'三定'时的档案，如当时已经县人民政府登记造册，应认定为自留山；未登记造册，但多数村民认定或经村民会议或村民代表会议三分之二以上成员同意，也可以认定为自留山。……（5）自留山主全家迁转的，自留山稳定不变，原则上不予收回，自留山主可委托他人经营或流转。（6）自留山主迁转时，没有委托他人经营或流转的，经村民会议或村民代表会议三分之二以上成员同意，可将其自留山分给其他农户。……（10）户与户之间的自留山、责任山面积差距过大，有以下情况的，可以重新调整：二是承包期届满的责任山，可以由集体收回并重新发包；三是承包方全家迁入城镇转为非农业户口，自己提出将承包的山林退回集体，另行处理的，可以收回集体重新发包。……（13）上轮承包到期后，原承包合同基本合理且执行较好，原责任山主要求继续承包的，可以直接续包，承包期限30—70年。"② "承包到户管护的公益林，允许继承，但不得转让。"③ "林权纠纷或争议未解决的，不纳入林权改革范围，不发林权证，不安排木材采伐指标。"④ 以上规定的条款不合理。例如，有自留山但无证的，要查看"三定"时的档案，如当时已经县人民政府登记造册，应认定为自留山；未登记造册，但多数村民认定或经村民会议或村民代表

---

① 《镇宁县自治县深入集体林权制度改革工作总结》，2010 年 11 月 26 日。
② 《镇宁自治县深化集体林权制度工作实施方案》，2007 年 11 月 10 日。
③ 同上。
④ 《习水县集体林权制度改革实施方案》，2008 年 1 月 5 日。

会议三分之二以上成员同意，也可以认定为自留山。未登记造册的自留山的因素是多方面的，有可能是乡村干部失职，也可能是自留山登记部门的失职，也有可能是自留山的农户的不作为，如果不是自留山的农户不作为，那么不应该剥夺其自留山。尤为重要的是自留山的分配的理论基础是农民的生存权和农民的福利权。因此，修改以上规定，即应该删除"未登记造册，但多数村民认定或经村民会议或村民代表会议三分之二以上成员同意，也可以认定为自留山"的规定，修改"（5）自留山主全家迁转的，自留山稳定不变，原则上不予收回，自留山主可委托他人经营或流转。（6）自留山主迁转时，没有委托他人经营或流转的，经村民会议或村民代表会议三分之二以上成员同意，可将其自留山分给其他农户。三是承包方全家迁入城镇转为非农业户口，自己提出将承包的山林退回集体，另行处理的，可以收回集体重新发包"的规定修改为："全家迁入城镇，并享有社会保障的，农民集体组织可以收回，经集体组织成员大会或集体组织成员代表大会讨论加以处分。"

三　贵州集体林权客体制度改革政策

"暂不纳入林改范围的：（1）公益林也不属于此次林改范围，但要落实管护主体，明确责任，颁发林权证。（2）经村民会议或村民代表会议三分之二以上成员同意作为放牧山的无林地。（3）对抵押权未解除，权属有争议的林地、林木，在有关问题未得到有效解决前，暂不纳入林改范围。（4）移民任务中的水库淹没区的森林、林木和林地，由县林改办报市林改办，经批准同意后，暂不列入本次林改确权证发证的范围，待移民安置工作结束后，再进行林改。（5）非林地上的林木，本次林改暂不发证，房前屋后自留地上的零星林木不予发证。"① 此规定既不合理，又不合法。本次林权制度改革的目的是确认林权，只要是集体林权的客体，并未确定主体的客体也应该纳入林权制度改革范围，只是根据"先易后难"和"先主后次"的原理确定集体林权客体确权的先后顺序。"非林地上的林木，本次林改暂不发证，房前屋后自留地上的零星林木不予发证"的规定与"权有其主，权有其证"的原理相左。以上的规定也与《森林法》、《农村土地承包法》及《物权法》的相关规定不符合。《森林法》第2条

---

① 《镇宁县自治县深化集体林权制度改革工作实施方案》，2007 年 5 月。

规定："国家所有的和集体所有的森林、林木和林地，个人所有的林木和使用的林地，由县级以上地方人民政府登记造册，发放证书，确认所有权或者使用权。国务院可以授权国务院林业主管部门，对国务院确定的国家所有的重点林区的森林、林木和林地登记造册，发放证书，并通知有关地方人民政府。"《森林法》第27条规定："农村居民在房前屋后、自留地、自留山种植的林木，归个人所有。城镇居民和职工在自有房屋的庭院内种植的林木，归个人所有。"《农村土地承包法》第5条规定："农村集体经济组织成员有权依法承包由本集体经济组织发包的农村土地。任何组织和个人不得剥夺和非法限制农村集体经济组织成员承包土地的权利。"《物权法》第127条规定："县级以上地方人民政府应当向土地承包经营权人发放土地承包经营权证、林权证、草原使用权证，并登记造册，确认土地承包经营权。"因此，应该修改《镇宁县自治县深化集体林权制度改革工作实施方案》对林权客体的规定，即把"暂不纳入林改范围的：（1）公益林也不属于此次林权制度改革范围，但要落实管护主体，明确责任，颁发林权证。（2）经村民会议或村民代表会议三分之二以上成员同意作为放牧山的无林地。（3）对抵押权未解除的，权属有争议的林地、林木，在有关问题未得到有效解决前，暂不纳入林权制度改革范围。（4）移民任务中的水库淹没区的森林、林木和林地，由县林权制度改革办公室报市林权制度改革办公室，经批准同意后，暂不列入本次林权制度改革确权证发证的范围，待移民安置工作结束后，再进行林改。（5）非林地上的林木，本次林权制度改革暂不发证，房前屋后自留地上的零星林木不予发证。"修改为："以下集体林权改革客体的时间是某年至某年某月：（1）公益林也不属于此次林改范围，但要落实管护主体，明确责任，颁发林权证。（2）经村民会议或村民代表会议三分之二以上成员同意作为放牧山的无林地。（3）对抵押权未解除，权属有争议的林地、林木，在有关问题未得到有效解决前，暂不纳入林权制度改革范围。（4）移民任务中的水库淹没区的森林、林木和林地，由县林权制度改革办公室报市林权制度改革办公室，经批准同意后，暂不列入本次林权制度改革确权证发证的范围，待移民安置工作结束后，再进行林权制度改革。（5）非林地上的林木，本次林权制度改革暂不发证，房前屋后自留地上的零星林木不予发证。"

四　贵州集体林权流转制度改革政策

"森林、林木和林地使用权可以依法继承、抵押、担保、入股和作为合资、合作的出资或条件。已经取得采伐许可证可以同时转让，但转让双方必须遵守《森林法》关于森林、林木采伐和更新造林的规定。林农或集体需要流转的林权、林木、林地，按照'依法、自愿、有偿'的原则自由流转，按'本人提出申请，经当地林业主管部门审核，按规定办理相关手续，变更林权证'的程序进行。"① "1. 经县以上人民政府批准的县内移民，在迁出地的承包林地被国家或企业征用已进行补偿的，经迁入地村民大会讨论同意，可划给一定数量的林地；林地未被征用或被征用部分的，原则上回迁出地参加'林改'，与当地村民享有同等的权利；如迁入地与迁出地距离较远，不便于迁入地移民进行管理而把林地交回迁出地集体的，经迁入地村民大会讨论同意，也可划给一定数量的林地。2. 属于自行搬迁或婚嫁、新出生的人员，按照林业'三定'时的规定，原则上'生不增，死不减'。生活确有困难的，由迁入地村民大会讨论同意后予以解决。"② "（1）公益林以及森林、林木、林地权属有争议的不得流转。（2）集体所有的森林、林木和林地的流转，应经村民代表大会三分之二以上成员同意，并报县林业局审批，对森林资源资产评估后依法流转；个人所有的森林、林木的流转由双方依法协商确定，以上两项森林资源的流转由县林业局凭转让协议办理变更手续。以承包、租赁等方式取得的林木所有权和林地使用权的流转，由县林业局依法审批；以转让、拍卖、入股、联营、划拨等方式取得林木所有权和林地使用权的，报市林业局依法审批"③ "对已承包到户的责任山，原承包户去世后无继承人的，由集体收回重新落实林权，继承人户口不在本乡镇的，经与继承人协商，可依法流转，确定新的权属所有者。原承包户外迁后，将林地转让给他人并签订了协议的，按协议落实林权；外迁时转包给他人的，权属落实给原承包人；外迁时既未转让又未转包给他人的，经与外迁户协商同意，或在告知

外迁户权利的前提下，可由集体收回林地，重新落实林权，核发林权证。"① "农户在集体荒山、采伐迹地上投资造林的，落实'谁造谁有'的政策，但应完善合同，合同期限从林改之日起不少于 30 年。合同期满后，林地的使用权归还相应的集体经济组织，重新落实经营主体。对占用集体林地后擅自改变用途，用于非林业生产的，限期恢复林地，并按林地管理有关法律法规处理。"② "林改后，对自留山、责任山不再收取任何形式的费用；对通过其他方式承包宜林荒山荒地的，经营者所得应在 70% 以上。"③

现行集体林权流转制度改革政策对集体林权流转的程序规定太严格，集体林权流转的程序也太复杂，增加了集体林权流转的成本，不利于集体林权的流转。现行集体林权流转制度改革政策的规定对移民的林权流转不利。对集体林权流转合同的规定也不合理，人为剥夺了林权人流转林权的处分权，对"通过其他方式承包宜林荒山荒地的，经营者所得应在 70% 以上"的规定也值得商榷，流转收入分配是流转方和受让方之间的博弈，政策不应该作强行规定。因此，应该修改集体林权流转制度改革政策的规定，简化集体林权的流转程序，增加有利于移民的林权流转的规定，也应该增加和修订集体林权流转制度改革的相关政策的规定。

"对于林权抵押贷款，农村信用社发放贷款的利率一般在中国人民银行规定的基准利率的基础上上调一定比例，少则 30%，多则 100%，商业银行的贷款利率上升幅度也在 30%—50% 之间。林木价值的抵押率通常占林业评估价值的 70%。银行往往对林业贷款规定较短的贷款期限，长则 8 年，短则 1 年。"④ 贵州集体林权流转制度改革金融政策和评估政策存在缺陷，不利于集体林权流转。由于集体林权流转存在一定的风险，适当提高集体林权抵押的放贷款的利率未尝不可，但是其贷款利率太高就不合理了，另外，农村信用社的一个重要功能是服务"三农"。按照现行林木资产评估政策的批准，林木的货币价值被低估，这对林木权利人不利，不利于集体林权流转。因此，应该对现行贵州集体林权流转制度改革金融

---

① 《息烽县集体林权制度改革实施方案》，2008 年 1 月 18 日。

② 同上。

③ 同上。

④ 宋海鸥：《林权抵押与集体林权制度改革》，《林业经济问题》2009 年第 8 期。

政策和评估政策修改，调低集体林权抵押贷款的利率，修正林木的货币价值评价标准。

加强林权流转的指导服务政策制定。开展农民林业专业合作社建设试点。探索建立林业专业合作社与银行合作机制，盘活森林资源资产。积极探索林木经济发展的政策和模式，解决林地产出率低、经营方式单一的问题。大力推进农民林业专业合作组织建设，促进林业规模经营。"2011 年12 月 26 日，国家林业局确定了全国 200 个首批创建农民林业专业合作社示范县名单，我省锦屏县、正多县、赫章县、汇川区、黎平县和金沙县榜上有名。"① "为加强森林资源资产评估管理，规范森林资源资产评估行为，维护社会公共利益和资产各方当事人的合法权益，近日，毕节七星林业资源资产评估有限公司注册成立，全省第一家县级森林资产评估中介机构正式诞生。"②

完善集体林权流转贷款政策。可以推行农户联保贷款和政府信用贷款。所谓农户联保贷款是指借鉴农户信用小额贷款和农户联保贷款的做法，以农民联保的方式发放贷款。所谓政府信用贷款是指由政府组织协调，指定国有资产投资公司向金融机构统借统还，各林业生产经营者作为最终用款人使用并偿还贷款本息。

五　贵州集体林权监管制度改革政策

《2012 年进一步推进我省集体林权制度改革的指导意见》（黔林宣通[2012] 65 号）第 3 条第 4 款规定："林权管理是一个基础性的长期性工作，应有固定办公地点，明确人员编制，落实办公经费，要在整合林权管理办、纠纷调处办、林改办等机构的基础上建立林权管理服务中心或者两块牌子，统一称谓为'××县林权管理服务中心'，作为林业局内设全额拨款事业单位，原则上从事业务的人员不得少于 10 名，工作人员应具备与其岗位相适应的专业知识。"从人力资源的充分利用的角度看，此规定有合理性，然而，从法律的角度看，此规定的合理性令人质疑。其一，与

---

① 贵州省林业厅办公厅：《我省 6 县区被确定为全国首批创建农民林业专业合作社示范县》，《贵州林业简报》2011 年第 12 期。

② 毕节地区林业局：《毕节市成立全省第一家县级森林资源资产评估机构》，《贵州林业简报》2011 年第 11 期。

公法私法分离理论不符合。集体林权管理属于公法范畴，而集体林权流转服务属于私法范畴。其二，增加基层政府的法律风险。基层林权管理人员是基层政府的代理人，由于基层林权管理人员的多元法律角色，由于解决法律问题经验有限，或时间和精力有限性，或其他客观条件的限制等，所以势必将会增加他们的法律工作风险。其三，增加群体突发事件风险的可能性。由于整合林权管理办、纠纷调处办、林改办等机构的基础上建立林权管理服务中心，增加无理取闹人群及无理上访人群利用林权改革中不满意的各种人群闹事的可能性，这势必增加群体突发事件发生的风险。

根据《中共中央国务院关于全面推进集体林权制度改革的意见(2008年8月6日)》（中发〔2008〕10号）中"各级林业主管部门应明确专门的林权管理机构，承办同级人民政府交办的林权登记造册、核发证书、档案管理、流转管理、林地承包争议仲裁、林权纠纷调处等工作"的要求，以及《中共毕节地委毕节地区行署关于全面深入推进集体林权制度改革充分调动农民林业生产积极性的意见》（毕地党发〔2010〕28号）中"关于建立林权管理服务中心的意见，探索成立县（市、区）林权管理服务中心，内设信息咨询、行政审批、林权登记、林权流转、纠纷调处等办事机构"的要求，中共毕节地委毕节地区行署颁发了《中共毕节地委毕节地区行署关于全面深入推进集体林权制度改革，充分调动农民林业生产积极性的意见》（毕地党发〔2010〕28号）。《中共毕节地委毕节地区行署关于全面深入推进集体林权制度改革，充分调动农民林业生产积极性的意见》（毕地党发〔2010〕28号）第3条第2款规定："一是要构建林业信贷担保平台。建立政府扶持、市场运作的林业信贷担保机制，大力推行以专业合作组织为主体，由林业企业和林农自愿入会或出资组建的互助性担保公司，开展森林资源抵押贷款担保业务。二是要积极稳妥推进林权流转。以县为单位成立林权管理服务机构，科学制定林权流转工作流程，做好申请、受理、林权变更和档案管理四项关键工作，推进林权流转、盘活林业资产，加速将林业资源优势转变为资产优势、资本优势。三是要积极开展林权抵押贷款业务。各金融机构要积极面向广大林农开展林权抵押贷款业务，解决农民要发展没有资金的问题。凡在县级行政区域内，拥有全国统一式样林权证，守信用且从事森林资源培育、经营活动的借款人，均可列为林权抵押小额信用贷款对象，由林业部门进行抵押登记，金融机构直接发放贷款并给予利息和贷款期限优惠，政府给予适当贴息。"此规定的意旨是促使金融机构给以林权抵押贷款，其意旨是好的，但是如何对林权抵押贷款双方进行有效的管理呢？如何解决林权抵押贷款管理的法律风险呢？林权抵押贷款管理政策并没有提出相应的解决方案，这是林权抵押贷款管理政策的缺陷。首先，谈谈如何对林权抵押贷款双方进行有效的管理呢？林权抵押贷款属于权利交易问题，既然是经济问题，就应该运用经济手段进行调控，如财政补贴和税收减免等，而不是直接干预。然后，谈论如何解决集体林权抵押贷款管理的法律风险呢？集体林权抵押贷款管理中存在一些法律风险，如集体林权抵押管理与国家林权法律的冲突，集体林权抵押管理纠纷与司法实践的冲突等。其可以通过以下一些方法加以解决。其一，深入而系统地研究集体林权制度改革的法律精神和集体林权法律原则，集体林权抵押管理政策不能与林权制度改革的法律精神和林权法律原则相左，而应该是林权制度改革的法律精神和林权法律原则的具体化和本土化。其二，在集体林权抵押管理中，作为林权抵押管理者仅能以协调者和调控者的角色开展工作，而不能以当事人的角色开展工作。

虽然贵州各市、州（地区）制定了集体林权监管制度改革政策，但是其政策规定也不够全面，所以应该逐渐制定和修正集体林权监管制度改革政策。集体林权监管改革政策所涉及的内容繁多，同时，集体林权监管的风险也不少，因此，在制定和修正集体林权监管制度改革政策时，势必处理集体林权监管制度改革政策与集体林权制度改革法律精神、集体林权法律原则及其他相关问题的关系，势必整合相关领域的专业人士参与，且进行大量的田野调查等。概而言之，制定和修正集体林权监管制度改革政策包括以下一些具体工作。制定和完善林权抵押贷款制度与管理控制制度。森林资源资产管理制度控制：一是建立抵押物处置管理规范；二是健全森林资源资产会计核算管理。金融制度控制。建立贷款风险管理机制，内控管理，社会征集体系建设等等。社会服务与保障制度安排：一是规范森林资源资产评估社会中介服务；二是增加森林资源资产保险的制度供给；三是培养和组建各类担保组织；四是市场交易平台建设。建立联合风险防范机制。应成立由政府牵头，人民银行、林业、财政、农办、发改委、银监、保监部门和银行业金融机构为小组成员的森林资源资产抵押贷款工作领导小组，负责领导协调和监管工作，切实提高工作效率和实施效果。

六 贵州公益林的界定和补偿制度改革政策

《贵州省公益林保护和经营管理办法》第 3 条规定："本办法所称国家级公益林是指按照《国家级公益林区划界定办法》（林资发〔2009〕214 号）区划界定的重点防护林和重点特种用途林；地方公益林是指介于国家级公益林与商品林之间的防护林和特种用途林。"《贵州省公益林保护和经营管理办法》第 9 条规定："公益林管护必须签订管护合同，林权权利人和管护人员应按照管护合同约定履行管护义务、承担管护责任，根据管护合同履行情况领取管护补助费。（一）国有公益林，由经营管理单位与专职管护人员签订管护合同。（二）集体经营管理的公益林，由县级林业主管部门与各乡镇；各乡镇与村委会；村委会与专、兼职管护人员签订管护合同。（三）林农个人经营的公益林，由村集体与个人签订管护合同，并报县级林业主管部门备案。（四）省级以上自然保护区内权属为集体和个人的公益林，由保护区管理局与村集体和林农个人签订管护合同。"《贵州省公益林保护和经营管理办法》第 19 条规定："地方公益林的生产经营活动由市（州、地区）林业主管部门审批。"贵州公益林的界定和补偿制度改革政策与国家公益林的界定和补偿制度改革政策和相关法规的区别不大，纵观贵州公益林的界定和补偿制度改革政策，一个大的缺陷是公益林界定标准单一，没有考虑本省少数民族林业文化的因素，公益林补偿标准低，补偿机制单一。"（一）公益林保费补贴。中央财政补贴30%，省财政补贴 30%，地区财政补贴 10%，市财政补贴 10%，投保人承担 20%。（二）商品林保费补贴。中央财政补贴 30%，省财政补贴30%，地区财政补贴 10%，市财政补贴 10%，投保人承担 20%。"① 黔西南州、六盘水市和安顺市岩溶区，根据重点公益林的区划界定标准，岩石裸露率在 35%—70% 之间，且集中连片 30 公顷以上的有林地、疏林地和灌木地均已界定为重点公益林。相反，岩溶区连片面积小于 30 公顷的零星林地则主要区划界定为地方公益林。

应该从界定标准、补偿标准和补偿机制方面加以完善贵州集体林权制度改革政策。"完善公益林林权制度的政策与法律措施。对重点区域林权

---

① 《毕节地区行政公署办公室关于印发毕节地区政策性森林保险试点实施方案的通知》，2011 年 1 月 14 日。

实施国家生态购买，平衡公益林的生态公益与林权私益。完善生态补偿制度，提高生态补偿标准。推动软法治理与公众参与，兼顾公益林的生态公益与林权私益。"① "争取国家有关部门将我省未获中央财政补偿的463.8万亩集体所有的国家级公益林纳入中央森林生态效益补偿范围，全面启动全省3750万亩地方公益林森林生态效益补偿工作。争取落实地方公益林补偿的配套资金。"②

应该把少数民族林业文化作为公益林划分的一个因子，增加"民族文化公益林"。一方面，公益林的外延应该包括民族文化公益林，另一方面，应该通过各种不同方式补偿民族文化公益林。民族文化公益林补偿既具有理论依据，也具有事实依据。③ "各地仡佬族三月祭山神。思南仡佬族逢年过节或出远门要到神树下烧香纸献祭品，求神赐福。思塘镇祭的是黑榈树，檫耳乡祭的是白果树。普定窝子乡仡佬族三月三祭山神。"④ "白族先民认为山、石、树、河、洞等自然界万物均有神灵，因之，有祭自然神的活动。"⑤ "苗族的自然崇拜，是以比较突出的自然物作为崇拜物。他们认为'石大有鬼，树大有神'，凡生长在寨子周围的大树、巨石等，都不准乱砍乱动。如台江县的交毗有一棵倒栽杉树，说它有神力，因而对其倍加保护和崇拜。"⑥ 苗族崇拜枫树，《山海经·大荒南经》云："尤其弃其桎梏是为枫树。黔东南苗族古歌中的'枫树歌'唱到……"⑦ "长期以来，侗乡的封山育林一直得到当地习惯法规的维护。不仅一般习惯法要有专条规定，而且在村头寨尾或林地路边还立有石碑对封山育林作出专门规定。"⑧ "六枝特区新华区苗族各个村寨，在阴历二月，或三月初一到初

---

① 吴萍：《我国集体林权改革背景下的公益林林权制度改革》，《法学评论》2012年第2期。

② 《贵州省林业厅厅长金小麟在全省市林业局长会议上的讲话》，2012年2月9日。

③ 民族文化公益林补偿的依据已在"民族文化公益林补偿法律规则的构建"中论述，在此，只补充贵州民族文化公益林补偿的一些事实依据。

④ 贵州省地方志编纂委员会编：《贵州省民族志》（下），贵州民族出版社2002年版，第552—554页。

⑤ 同上书，第729页。

⑥ 贵州省地方志编纂委员会编：《贵州省民族志》（上），贵州民族出版社2002年版，第143页。

⑦ 同上书，第145页。

⑧ 同上书，第272页。

十的龙场天为祭树节。"① "布依族村寨都有神林或神树，布依族视'神树'有生灵。过去，外来人有损害神树的行为，寨中人要集中议事，商讨惩罚损害人的不轨行为。"② "侗族信奉'万物有灵'的原始宗教，很多动植物禁忌现象在侗族村寨普遍存在，这些动植物被认为有神灵依附，不可随意伤害。"③

七　贵州集体林权纠纷解决制度改革政策

《贵州省集体林权制度改革确权发证办法》第 5 条规定："1. 坚持逐级负责、分级调处的原则。组内各户之间的纠纷，组内解决；组间纠纷，村内解决；村间纠纷，乡内解决；乡间纠纷，县内解决；县间纠纷，按有关法律法规处理。2. 坚持主动协商、民间调解为主的原则。山林纠纷调处过程中，要充分发挥林改工作机构、老年协会等组织的积极作用，化解矛盾纠纷。调处过程中，尽量避免行政裁决和走司法途径。3. 在山林权属争议未妥善解决前，暂缓确权发证。4. 山林纠纷一经调处，应及时签署协议，明确原争议范围，确定协议界限，原争议双方及证明人签字。对经调解达成口头协议且当事人在林权登记申请表签字认可，但未形成书面协议的要求补签协议，由于种种原因不能补签协议书的，由乡（镇）人民政府下达调解书。5. 未调处山林纠纷登记。按《山林权属争议明细表》和《山林权属争议情况统计表》要求登记、统计未调处山林纠纷的情况。"《贵州省育林基金征收使用管理办法》第五条规定："1. 坚持逐级负责、分级调处原则。2. 坚持主动协商、民间调解为主的原则，尽量避免行政裁决和走司法途径。3. 在山林权属争议未妥善解决之前，暂缓确权发证。……5. 未调处山林纠纷登记。"《习水县集体林权制度改革实施方案》规定："（二）林权纠纷调处政策：……2. 纠纷的调处实行分级负责制，本县与相邻的省（市）、县之间的纠纷配合省、市有关部门解决；乡（镇、区）之间的纠纷由县林权制度改革办公室纠纷调处、组解决，乡（镇、区）配合；村与村之间的纠纷由乡（镇、区）解决，村委会配

---

① 贵州省民族志编委会编：《民族志资料汇编》，1987 年 11 月。

② 同上。

③ 李莉、梁明武：《黔东南地区林业文化初探》，《北京林业大学学报（社会科学版）》2006 年第 9 期。

合；组与组之间的纠纷由村委会解决，组配合。各类纠纷的处理原则上做到：户与户的纠纷不出组，组与组的纠纷不出村，村与村的纠纷不出乡（镇、区），乡（镇、区）与乡（镇、区）的纠纷不出县。3. 行政界线纠纷按属地管理原则，由省、市、县有关部门处理，先解决行政界线纠纷后再确定林权。林权权属纠纷以林业'三定'时划定的林权权属凭证为依据，按有关的林权政策规定处理。林权纠纷或争议未解决的，不纳入林权改革范围，不发林权证，不安排木材采伐指标。""（四）山林纠纷调解遵循三原则。——遵循'四不出'的原则。为妥善处理林权纠纷，我县充分发挥'户与户纠纷不出组，组与组纠纷不出村，村与村纠纷不出乡，乡与乡纠纷不出县'的林业纠纷调解机制，尽可能尊重民俗，汇集民智，很好地解决了林改中出现的山林纠纷，化解了大量沉积多年的山林争议和因此产生的矛盾，把纠纷矛盾化解在基层，促进了社会和谐。——遵循'一走两不走'的原则。尽可能'走群众路线、不走行政裁决、不走司法程序'的山林调处办法，是我县偶里乡寨先村在林权制度改革中提出来的，后被全县广泛应用。"①"为妥善处理林权纠纷，我县充分发挥'户与户纠纷不出组，组与组纠纷不出村，村与村纠纷不出乡，乡与乡纠纷不出县'的林业纠纷调解机制，尽可能尊重民俗，汇集民智，很好地解决了林改中出现的山林纠纷，化解了大量沉积多年的山林争议和因此产生的矛盾，把纠纷矛盾化解在基层，促进了社会和谐。尽可能'走群众路线、不走行政裁决、不走司法程序'的山林调处办法，是我县偶里乡寨先村在林改中提出来的，后被全县广泛推广应用。该乡的格溪村和寨霞村有一起涉及2000多亩的林权纠纷，曾诉之法院十多年悬而未决，却在林改中按'一走两不走'办法达成边界协议。农村中的老党员、老村干、老林农、寨老（地方上德高望重的族长或头人），他们既是历史的见证人，也是公平、公正的象征。林改中，我们充分发挥'四老'的影响力，出面调处山林纠纷，收效良好。经统计，林改中我县由群众自行调解的林权纠纷达1130起，占已调解总数1660起的68%。"②

《贵州森林林木林地流转条例》第28条规定："发生森林、林木、林地流转争议的，当事人可以自行和解，也可以请求村民委员会、乡镇人民政府

---

① 《锦屏县集体林权制度改革工作总结》，2007年11月20日。

② 《锦屏县集体林权制度改革工作报告》，2007年10月20日。

等调解或者向人民法院提起诉讼。涉及农村土地承包经营权的森林、林木、林地流转发生的争议，当事人和解、调解不成或者不愿和解、调解的，可以依法申请农村土地承包仲裁委员会仲裁。未涉及农村土地承包经营权的森林、林木、林地流转发生的争议，当事人和解、调解不成或者不愿和解、调解的，可以按照以下规定申请依法处理：（一）个人之间、个人与单位之间发生的森林、林木、林地流转争议，向所在地乡镇人民政府或者县级人民政府申请依法处理；（二）单位之间发生的森林、林木、林地流转争议，向所在地县级人民政府申请依法处理；（三）跨行政区域的森林、林木、林地流转争议，向其共同的上一级人民政府申请依法处理。当事人对人民政府的处理决定不服的，可以依法申请行政复议或者向人民法院提起诉讼。"

贵州集体林权纠纷解决制度改革政策中存在两点缺陷：第一，片面强调行政调解和民间调解。不可否认，行政调解和民间调解是集体林权纠纷的重要方式，对集体林权纠纷解决的实际意义毋庸置疑。行政调解和民间调解具有成本低、执行效果好等优点，但是民间组织仲裁及诉讼等集体林权纠纷解决方式也有自身的优点。例如，民间组织仲裁具有中立性和效率高等优点，诉讼具有权威性和程序正义等优点。集体林权纠纷的原因极其复杂，不同原因的集体林权纠纷应该采取不同方法，如有些集体林权纠纷是由于公益林划分和补偿而引起，有些集体林权纠纷是集体组织与国有林场或其他国有企业因林权的确定或公益林的经营管理而引起的，这些纠纷如果只能行政调解和行政裁决，那么有可能悬而不决，行政裁决存在不公平的可能。尤为重要的是采取何种方式解决林权纠纷，这是由纠纷双方当事人决定，而不是由地方政府和基层政府的政策决定。根据一些学者的实证研究，基层社会的个人选择诉讼方式解决的意愿趋势强。"从个人间的纠纷与政府的纠纷的解决机制选择结构来看，基层社会的矛盾纠纷并未呈现出典型的纠纷金字塔或宝塔形态，而是表现出选择法律途径和忍忍算了两种解决方式的人具有较高比例的结构扁平化特征。这一结构特征反映出法制建设对基层社会多元纠纷解决机制带来一定影响，使得纠纷解决机制逐步形成两极化的趋势，即人们在遇到纠纷时，要么选择法律诉讼，要么就忍忍算了。"[①] 第二，有些规定违背了法治精神，有些规定违反相关程

---

① 杨敏、陆益龙：《法治意识、纠纷及其解决机制的选择——基于 2005 CCSS 的法社会学分析》，《江苏社会科学》2011 年第 3 期。

序法律精神和规定。例如，"尽量避免行政裁决和诉讼"的规定就与法治精神相左。选择什么方式解决纠纷，这是当事人的权利。行政裁决和诉讼解决纠纷是法治精神的缩影。"四不出原则"的规定与《民事诉讼法》的精神和相关规定不符合。一方面，"四不出原则"剥夺纠纷当事人的民事诉权，民事诉权是符合民事资格当事人的法定权利。《民事诉讼法》第49条规定："公民、法人和其他组织可以作为民事诉讼的当事人。"另一方面，有些集体林权纠纷有可能存在不同基层法院都有管辖权，当事人有权向有管辖权的法院提出起诉。例如，集体纠纷当事人居住地在不同的乡村、县（区、市），此纠纷的解决势必在不同乡村、县（区、市）解决。《民事诉讼法》第22条规定："同一诉讼的几个被告住所地、经常居住地在两个以上人民法院辖区的，各该人民法院都有管辖权。"集体林权流转合同方面的案件有可能涉及不同基层法院管辖权的问题。《民事诉讼法》第25条规定："合同的双方当事人可以在书面合同中协议选择被告住所地、合同履行地、合同签订地、原告住所地、标的物所在地人民法院管辖，但不得违反本法对级别管辖和专属管辖的规定。"

贵州集体林权纠纷解决制度改革政策的完善就是修正与法治精神、相关法律精神、规定相左的规定即可。

参 考 文 献

一 专著

[1] 曹务坤：《农村土地承包经营权流转研究》，知识产权出版社 2007 年版。

[2] 曹务坤：《农村土地承包经营法律研究——从价值到规范的进路》，知识产权出版社 2011 年版。

[3] 曹务坤：《国有农用地承包经营法律研究》，中国社会科学出版社 2011 年版。

[4] 朱晓阳、侯猛：《法律与人类学：中国读本》，北京大学出版社 2008 年版。

[5] 韩德培：《环境保护法教程》（第四版），法律出版社 2003 年版。

[6] 曹明德、黄锡生：《环境资源法》，中信出版社 2004 年版。

[7] 陈金钊：《法律解释的哲理》，山东人民出版社 1999 年版。

[8] 徐晓光：《清水江流域林业经济法制的历史回溯》，贵州人民出版社 2006 年版。

[9] 吴大华等：《侗族习惯法研究》，北京大学出版社 2012 年版。

[10] 梁慧星：《中国物权法研究》（上），法律出版社 1998 年版。

[11] 梁慧星：《中国物权法研究》（下），法律出版社 1998 年版。

[12] 李双元、温世扬：《比较民法学》，武汉大学出版社 1998 年版。

[13] 金瑞林：《环境与资源保护法学》，北京大学出版社 2006 年版。

[14] 胡玉良：《集体林权法律制度研究》，法律出版社 2012 年版。

[15] 黄茂荣：《法学方法与现代民法》，中国政法大学出版社 2001 年版。

[16] 梁慧星：《中国物权法草案建议稿，条文、说明及理由》，社会

科学文献出版社 2003 年版。

［17］［美］罗纳德·德沃金：《认真对待权利》，中国大百科全书出版社 1998 年版。

［18］［美］迈克尔·D. 贝勒斯：《法律的原则——一个规范的分析》，中国大百科全书出版社 1996 年版。

［19］刘斌、王春福：《政策科学研究》（第 1 卷），人民出版社 2000 年版。

［20］［美］E. 博登海默：《法理学——法律哲学与法律方法》，邓正来译，中国政法大学出版社 2004 年版。

［21］高飞：《集体土地所有权主体制度研究》，法律出版社 2012 年版。

［22］贵州省地方志编纂委员会：《贵州省民族志》（上），贵州民族出版社 2002 年版。

［23］贵州省地方志编纂委员会：《贵州省民族志》（下），贵州民族出版社 2002 年版。

［24］蒋月等：《农村土地承包法实施研究》，法律出版社 2006 年版。

［25］王卫国：《中国土地权利研究》，中国政法大学出版社 2003 年版。

［26］丁关良、童日晖：《农村土地承包经营权流转制度立法研究》，中国农业出版社 2009 年版。

［27］孟勤国：《中国农村土地流转问题研究》，法律出版社 2009 年版。

［28］左平良：《土地承包经营权流转法律问题研究》，中南大学出版社 2007 年版。

［29］黄河：《农业法视野中的土地承包经营权流转法制保障研究》，中国政法大学出版社 2007 年版。

［30］陈华彬：《物权法》，法律出版社 2004 年版。

［31］王轶：《物权变动论》，中国人民大学出版社 2001 年版。

［32］茆荣华：《我国农村集体土地流转制度研究》，北京大学出版社 2010 年版。

［33］亓宗宝：《农村土地承包经营权法律保障研究》，法律出版社 2009 年版。

［34］张广荣：《我国农村集体土地民事立法研究论纲——从保护农民个体土地权利的视角》，中国法制出版社 2007 年版。

［35］张平华、李云波、张洪波：《土地承包经营权》，中国法制出版社 2007 年版。

［36］刘志仁：《农村土地流转中的信托机制研究》，湖南人民出版社 2008 年版。

［37］唐文全：《农户土地流转意愿与行为研究》，中国经济出版社 2009 年版。

［38］郭洁：《土地资源保护与民事立法研究》，法律出版社 2001 年版。

［39］王利明：《物权法专题研究》，吉林人民出版社 2002 年版。

［40］卓泽渊：《法的价值论》（第二版），法律出版社 2006 年版。

二　论文

［1］高利红：《森林权属的法律体系构造》，《现代法学》2004 年第 5 期。

［2］杜群、王兆平：《集体林权改革中林地流转规范的冲突与协调》，《江西社会科学》2010 年第 10 期。

［3］廖奕、陈娟：《环境权视野下的集体林权制度分析》，《林业经济》2010 年第 10 期。

［4］张平：《我国集体林权产权制度改革的适法性分析》，《河北法学》2009 年第 12 期。

［5］包玉华：《非公有制林业法律管理制度研究》，东北林业大学 2009 年 12 月林业经济管理专业博士论文。

［6］吴萍：《公益林生态补偿的法律价值评价》，《北方论丛》2010 年第 5 期。

［7］蔡晶晶：《社会——生态系统视野下的集体林权制度改革——一个新的政策框架》，《学术月刊》2011 年第 12 期。

［8］贺东航、朱冬亮：《集体林权制度改革研究 30 年回顾》，《林业经济》2010 年第 5 期。

［9］李彧挥、方苑、陈亮：《林农流转出林地意愿的影响因素分析——以湖南省安化县为例》，《江汉论坛》2012 年第 2 期。

［10］陈珂、周荣伟、王春平、王嘉：《集体林权制度改革后的农户林地流转意愿影响因素分析》，《林业经济问题》2009年第12期。

［11］孙妍：《集体林权制度改革研究——产权制度安排与绩效》，北京林业大学2008年12月林业经济管理专业博士论文。

［12］谭世明、杨威、孙云逸：《集体林权制度改革与变迁路径研究》，《求索》2010年第5期。

［13］刘杰：《初始林权分配的公正原则研究——新集体林权制度改革政策分析》，《财经问题研究》2012年第4期。

［14］刘琼莲：《论集体林权制度改革中的权力机制》，《湖北民族学院学报（哲社版）》2007年第3期。

［15］杜国明：《森林法基本概念重构》，《河北法学》2012年第8期。

［16］林旭霞、张冬梅：《林权的法律构造》，《政法论坛》2008年第3期。

［17］颜士鹏：《基于森林碳汇的生态补偿法律机制之构建》，《鄱阳湖学刊》2010年第4期。

［18］魏华：《林权概念的界定——森林法抑或物权法的视角》，《福建农林大学学报》2011年第1期。

［19］韦蕙兰、陈海云、任晓冬：《中国林权改革的回归和思考》，《中国林业经济》2007年第4期。

［20］刘宏明：《我国林权若干法律问题研究》，《北京林业大学学报》2004年第4期。

［21］吕祥熙、沈文星：《林权主体及林权的物权属性分析》，《南京林业大学学报（自然科学版）》2010年第1期。

［22］李延荣：《浅论林权制度改革中"林权"》，《法学杂志》2009年第1期。

［23］庞正、杨建：《法律原则核心问题论辩》，《南京师大学报（社会科学版）》2010年第1期。

［24］谢少华：《政策的本质探讨》，《华南师范大学学报（社科版）》2003年第5期。

［25］张杨：《公共政策内涵新探》，《经济与社会发展》2005年第5期。

[26] 张先贵：《不动产征收立法取向之抉择：土地中心抑或房屋中心？——以〈国有土地上房屋征收与补偿条例〉为分析样本》，《安徽大学学报（哲学社会科学版）》2012 年第 5 期。

[27] 金枫梁：《农村土地承包法第 26 条法律漏洞之补充——小城镇与设区的市界定标准的检讨》，《甘肃政法学院学报》2012 年第 3 期。

[28] 巩固：《林改背景下林权流转的法律障碍及其撤除》，《华东政法大学学报》2011 年第 5 期。

[29] 唐薇、吴越：《土地承包经营权抵押的制度"瓶颈"与制度创新》，《河北法学》2012 年第 2 期。

[30] 王颜齐、郭翔宇：《土地承包经营权流转：双边交易与集中交易》，《农业技术经济》2011 年第 10 期。

[31] 唐敏、罗泽真：《论生态公益林的界定》，《农村经济》2008 年第 11 期。

[32] 桂拉旦、张伟强：《广东省森林生态效益补偿政策机制分析》，《西北人口》2007 年第 4 期。

[33] 李莉、梁明武：《黔东南地区林业文化初探》，《北京林业大学学报（社会科学版）》2006 年第 9 期。

[34] 梁平：《多元化纠纷解决机制的制度构建——基于公共选择偏好的实证考察》，《当代法学》2011 年第 3 期。

[35] 陆益龙：《纠纷管理，多元化解机制与秩序建构》，《人文杂志》2011 年第 6 期。

[36] 刘思萱：《论政策的司法回应——以 1979 年以来我国企业改革政策为例》，《社会科学》2012 年第 4 期。

[37] 常怡、肖瑶：《执行和解制度若干问题研究》，《甘肃政法学院学报》2010 年第 9 期。

[38] 谭世明、张俊殳：《集体林权制度改革研究述评》，《湖北社会科学》2008 年第 6 期。

[39] 蔡守秋：《完善我国环境法律体系的战略构想》，《广东社会科学》2008 年第 2 期。

[40] 刘甲朋、崔嵬：《中国农村土地流转研究观点综述》，《经济纵横》2003 年第 6 期。

[41] 丁关良：《农村土地承包经营权流转法律制度的现存问题与修

正建议——以〈农村土地承包法〉为主要分析依据》，《华侨大学学报（哲学社会科学版）》2005 年第 1 期。

　　［42］蔡玲：《论农村土地承包经营权流转》，《党政干部论坛》2003年第 6 期。

　　［43］李光禄、侣连涛：《农村土地承包经营权的法律思考》，《山东科技大学学报（社会科学版）》2003 年第 2 期。

　　［44］杨洪涛：《贵州：林权抵押贷款逾 4.5 亿"绿色银行"加速发展》，新华网贵州频道 2011 年 12 月 9 日。

　　［45］宋海鸥：《林权抵押与集体林权制度改革》，《林业经济问题》2009 年第 8 期。

　　［46］毕节地区林业局：《毕节市成立全省第一家县级森林资源资产评估机构》，《贵州林业简报》2011 年第 11 期。

　　［47］李莉、梁明武：《黔东南地区林业文化初探》，《北京林业大学学报（社会科学版）》2006 年 9 月。

　　［48］杨敏、陆益龙：《法治意识、纠纷及其解决机制的选择——基于 2005 CCSS 的法社会学分析》，《江苏社会科学》2011 年第 3 期。

　　［49］胡良钢：《我省集体林权制度改革确权发证省级检查验收工作圆满结束》，《贵州林业》2011 年第 1 期。

三　法律法规及规范性文件

　　［1］《中华人民共和国农村土地承包法》（2009 年 8 月 27 日修正）。

　　［2］《中华人民共和国民法通则》（1986 年 4 月 12 日）。

　　［3］《中华人民共和国继承法》（1985 年 4 月 9 日）。

　　［4］《中华人民共和国土地管理法》（2004 年 8 月 28 日修订）。

　　［5］《中华人民共和国合同法》（1999 年 3 月 15 日）。

　　［6］《中华人民共和国担保法》（1995 年 10 月 1 日）。

　　［7］《中华人民共和国农村土地承包经营调解仲裁法》（2009 年 6 月27 日）。

　　［8］《中华人民共和国仲裁法》（1994 年 8 月 31 日）。

　　［9］《中华人民共和国森林法》（2009 年 8 月 27 日修正）。

　　［10］《中华人民共和国物权法》（2007 年 3 月 16 日）。

　　［11］《中华人民共和国合同法》（1999 年 3 月 15 日）。

［12］《中华人民共和国土地管理法实施条例》（2011 年 1 月 8 日）。

［13］《中华人民共和国森林法实施条例》（2000 年 1 月 29 日）。

［14］《最高人民法院关于使用〈中华人民共和国担保法〉若干问题的解释》（2000 年 12 月 13 日）。

［15］《最高人民法院关于审理涉及农村土地承包纠纷案件适用法律问题的解释》（法释［2005］6 号，2005 年 7 月 29 日公布）。

［16］《中华人民共和国农村土地承包经营权证管理办法》（2003 年 11 月 14 日）。

［17］《中华人民共和国农村土地承包经营权流转管理办法》（2005 年 1 月 19 日）。

［18］《确定土地所有权和使用权的若干规定》（1995 年 3 月 11 日）。

［19］《土地登记办法》（2007 年 12 月 30 日）。

［20］《土地复垦条例》（2011 年 2 月 22 日）。

［21］《中共中央国务院关于全面推进集体林权制度改革的意见》（2008 年 6 月 8 日）。

［22］《中共贵州省委贵州省人民政府关于进一步加快林业改革发展的意见》（2009 年 9 月 30 日）。

［23］《2012 年进一步推进我省集体林权制度改革的指导意见（黔林宣通［2012］65 号）》

［24］《贵州森林林木林地流转条例》（2010 年 7 月 28 日）。

［25］《贵州省集体林权制度改革确权发证办法》（2006 年 12 月 1 日）。

［26］《中华人民共和国退耕还林条例》（2002 年 12 月 14 日）。

［27］《贵州省公益林保护和经营管理办法》（2011 年 3 月 8 日）。

附　　录

《中共中央国务院关于全面推进集体林权制度改革的意见》
(2008 年 6 月 8 日)

　　新中国成立后，特别是改革开放以来，我国集体林业建设取得了较大成效，对经济社会发展和生态建设作出了重要贡献。集体林权制度虽经数次变革，但产权不明晰、经营主体不落实、经营机制不灵活、利益分配不合理等问题仍普遍存在，制约了林业的发展。为进一步解放和发展林业生产力，发展现代林业，增加农民收入，建设生态文明，现就全面推进集体林权制度改革提出如下意见。

一　充分认识集体林权制度改革的重大意义

　　（一）集体林权制度改革是稳定和完善农村基本经营制度的必然要求。集体林地是国家重要的土地资源，是林业重要的生产要素，是农民重要的生活保障。实行集体林权制度改革，把集体林地经营权和林木所有权落实到农户，确立农民的经营主体地位，是将农村家庭承包经营制度从耕地向林地的拓展和延伸，是对农村土地经营制度的丰富和完善，必将进一步解放和发展农村生产力。

　　（二）集体林权制度改革是促进农民就业增收的战略举措。林业产业链条长，市场需求大，就业空间广。实行集体林权制度改革，让农民获得重要的生产资料，激发农民发展林业生产经营的积极性，有利于促进农民特别是山区农民脱贫致富，破解"三农"问题，推进社会主义新农村建设。

　　（三）集体林权制度改革是建设生态文明的重要内容。建设生态文明、维护生态安全是林业发展的首要任务。实行集体林权制度改革，建立责权利明晰的林业经营制度，有利于调动广大农民造林育林的积极性和爱林护林的自觉性，增加森林数量，提升森林质量，增强森林生态功能和应对气候变化的能力，繁荣生态文化，促进人与自然和谐，推动经济社会可持续发展。

（四）集体林权制度改革是推进现代林业发展的强大动力。林业是国民经济和社会发展的重要公益事业和基础产业。实行集体林权制度改革，培育林业发展的市场主体，发挥市场在林业生产要素配置中的基础性作用，有利于发挥林业的生态、经济、社会和文化等多种功能，满足社会对林业的多样化需求，促进现代林业发展。

二　集体林权制度改革的指导思想、基本原则和总体目标

（五）指导思想。全面贯彻党的十七大精神，高举中国特色社会主义伟大旗帜，以邓小平理论和"三个代表"重要思想为指导，深入贯彻落实科学发展观，大力实施以生态建设为主的林业发展战略，不断创新集体林业经营的体制机制，依法明晰产权、放活经营、规范流转、减轻税费，进一步解放和发展林业生产力，促进传统林业向现代林业转变，为建设社会主义新农村和构建社会主义和谐社会作出贡献。

（六）基本原则。坚持农村基本经营制度，确保农民平等享有集体林地承包经营权；坚持统筹兼顾各方利益，确保农民得实惠、生态受保护；坚持尊重农民意愿，确保农民的知情权、参与权、决策权；坚持依法办事，确保改革规范有序；坚持分类指导，确保改革符合实际。

（七）总体目标。用5年左右时间，基本完成明晰产权、承包到户的改革任务。在此基础上，通过深化改革，完善政策，健全服务，规范管理，逐步形成集体林业的良性发展机制，实现资源增长、农民增收、生态良好、林区和谐的目标。

三　明确集体林权制度改革的主要任务

（八）明晰产权。在坚持集体林地所有权不变的前提下，依法将林地承包经营权和林木所有权，通过家庭承包方式落实到本集体经济组织的农户，确立农民作为林地承包经营权人的主体地位。对不宜实行家庭承包经营的林地，依法经本集体经济组织成员同意，可以通过均股、均利等其他方式落实产权。村集体经济组织可保留少量的集体林地，由本集体经济组

织依法实行民主经营管理。

林地的承包期为 70 年。承包期届满，可以按照国家有关规定继续承包。已经承包到户或流转的集体林地，符合法律规定、承包或流转合同规范的，要予以维护；承包或流转合同不规范的，要予以完善；不符合法律规定的，要依法纠正。对权属有争议的林地、林木，要依法调处，纠纷解决后再落实经营主体。自留山由农户长期无偿使用，不得强行收回，不得随意调整。承包方案必须依法经本集体经济组织成员同意。

自然保护区、森林公园、风景名胜区、河道湖泊等管理机构和国有林（农）场、垦殖场等单位经营管理的集体林地、林木，要明晰权属关系，依法维护经营管理区的稳定和林权权利人的合法权益。

（九）勘界发证。明确承包关系后，要依法进行实地勘界、登记，核发全国统一式样的林权证，做到林权登记内容齐全规范，数据准确无误，图、表、册一致，人、地、证相符。各级林业主管部门应明确专门的林权管理机构，承办同级人民政府交办的林权登记造册、核发证书、档案管理、流转管理、林地承包争议仲裁、林权纠纷调处等工作。

（十）放活经营权。实行商品林、公益林分类经营管理。依法把立地条件好、采伐和经营利用不会对生态平衡和生物多样性造成危害区域的森林和林木，划定为商品林；把生态区位重要或生态脆弱区域的森林和林木，划定为公益林。对商品林，农民可依法自主决定经营方向和经营模式，生产的木材自主销售。对公益林，在不破坏生态功能的前提下，可依法合理利用林地资源，开发林下种养业，利用森林景观发展森林旅游业等。

（十一）落实处置权。在不改变林地用途的前提下，林地承包经营权人可依法对拥有的林地承包经营权和林木所有权进行转包、出租、转让、入股、抵押或作为出资、合作条件，对其承包的林地、林木可依法开发利用。

（十二）保障收益权。农户承包经营林地的收益，归农户所有。征收集体所有的林地，要依法足额支付林地补偿费、安置补助费、地上附着物和林木的补偿费等费用，安排被征林地农民的社会保障费用。经政府划定的公益林，已承包到农户的，森林生态效益补偿要落实到户；未承包到农户的，要确定管护主体，明确管护责任，森林生态效益补偿要落实到本集体经济组织的农户。严格禁止乱收费、乱摊派。

（十三）落实责任。承包集体林地，要签订书面承包合同，合同中要明确规定并落实承包方、发包方的造林育林、保护管理、森林防火、病虫害防治等责任，促进森林资源可持续经营。基层林业主管部门要加强对承包合同的规范化管理。

四　完善集体林权制度改革的政策措施

（十四）完善林木采伐管理机制。编制森林经营方案，改革商品林采伐限额管理，实行林木采伐审批公示制度，简化审批程序，提供便捷服务。严格控制公益林采伐，依法进行抚育和更新性质的采伐，合理控制采伐方式和强度。

（十五）规范林地、林木流转。在依法、自愿、有偿的前提下，林地承包经营权人可采取多种方式流转林地经营权和林木所有权。流转期限不得超过承包期的剩余期限，流转后不得改变林地用途。集体统一经营管理的林地经营权和林木所有权的流转，要在本集体经济组织内提前公示，依法经本集体经济组织成员同意，收益应纳入农村集体财务管理，用于本集体经济组织内部成员分配和公益事业。

加快林地、林木流转制度建设，建立健全产权交易平台，加强流转管理，依法规范流转，保障公平交易，防止农民失山失地。加强森林资源资产评估管理，加快建立森林资源资产评估师制度和评估制度，规范评估行为，维护交易各方合法权益。

（十六）建立支持集体林业发展的公共财政制度。各级政府要建立和完善森林生态效益补偿基金制度，按照"谁开发谁保护、谁受益谁补偿"的原则，多渠道筹集公益林补偿基金，逐步提高中央和地方财政对森林生态效益的补偿标准。建立造林、抚育、保护、管理投入补贴制度，对森林防火、病虫害防治、林木良种、沼气建设给予补贴，对森林抚育、木本粮油、生物质能源林、珍贵树种及大径材培育给予扶持。改革育林基金管理办法，逐步降低育林基金征收比例，规范用途，各级政府要将林业部门行政事业经费纳入财政预算。森林防火、病虫害防治以及林业行政执法体系等方面的基础设施建设要纳入各级政府基本建设规划，林区的交通、供水、供电、通信等基础设施建设要依法纳入相关行业的发展规划，特别是要加大对偏远山区、沙区和少数民族地区林业基础设施的投入。集体林权制度改革工作经费，主要由地方财政承担，中央财政给予适当补助。对财政困难的县乡，中央和省级财政要加大转移支付力度。

（十七）推进林业投融资改革。金融机构要开发适合林业特点的信贷产品，拓宽林业融资渠道。加大林业信贷投放，完善林业贷款财政贴息政策，大力发展对林业的小额贷款。完善林业信贷担保方式，健全林权抵押贷款制度。加快建立政策性森林保险制度，提高农户抵御自然灾害的能力。妥善处理农村林业债务。

（十八）加强林业社会化服务。扶持发展林业专业合作组织，培育一批辐射面广、带动力强的龙头企业，促进林业规模化、标准化、集约化经营。发展林业专业协会，充分发挥政策咨询、信息服务、科技推广、行业自律等作用。引导和规范森林资源资产评估、森林经营方案编制等中介服务健康发展。

五　加强对集体林权制度改革的组织领导

（十九）高度重视集体林权制度改革。各级党委、政府要把集体林权制度改革作为一件大事来抓，摆上重要位置，精心组织，周密安排，因势利导，确保改革扎实推进。要实行主要领导负责制，层层落实领导责任。建立县（市）直接领导、乡镇组织实施、村组具体操作、部门搞好服务的工作机制，充分发挥农村基层党组织的作用。改革方案的制定要依照法律、尊重民意、因地制宜，改革的内容和具体操作程序要公开、公平、公正。在坚持改革基本原则的前提下，鼓励各地积极探索，确保改革符合实际、取得实效。要加强对领导干部、林改工作人员包括农村基层干部的培训，强化调度、统计、检查、督导和档案管理工作。要严肃工作纪律，党员干部特别是各级领导干部，要以身作则，决不允许借改革之机，为本人和亲友谋取私利。要健全纠纷调处工作机制，妥善解决林权纠纷，及时化解矛盾，维护农村稳定。

（二十）切实加强和改进林业管理。各级林业主管部门要适应改革新形势，进一步转变职能，加强林业宏观管理、公共服务、行政执法和监督。要深入调查研究，认真总结经验，加强工作指导，改进服务方式。推行林业综合行政执法，严厉打击破坏森林资源的违法行为。要加强森林防火、病虫害防治等公共服务体系建设，健全政府主导、群防群治的森林防火、防病虫害、防乱砍滥伐的工作机制。建立科技推广激励机制，加大培训力度，实施林业科技入户工程。加强基层林业工作机构建设，乡镇林业工作站经费纳入地方财政预算。

（二十一）努力形成各方面支持改革的合力。集体林权制度改革涉及面广、政策性强。各有关部门要各司其职，密切配合，通力协作，积极参与改革，主动支持改革。各群众团体和社会组织要发挥各自作用，为推进集体林权制度改革贡献力量。加强舆论宣传，努力营造有利于集体林权制度改革的社会氛围。

集体林权制度改革是农村生产关系的重大变革，事关全局、影响深远。我们要紧密团结在以胡锦涛同志为总书记的党中央周围，高举中国特色社会主义伟大旗帜，以邓小平理论和"三个代表"重要思想为指导，深入贯彻落实科学发展观，解放思想，坚定信心，开拓进取，扎实推进集体林权制度改革，为夺取全面建设小康社会新胜利作出新的贡献。

《中共贵州省委贵州省人民政府关于进一步加快林业改革发展的意见》
（2009 年 9 月 30 日）

为深入贯彻落实中央林业工作会议精神，进一步加快我省林业改革发展，特提出如下意见。

一　认清形势，进一步明确加快林业改革发展的总体思路和目标任务

党中央、国务院对新时期的林业工作作出了新的定位，赋予了林业新的历史使命，把林业推上了新的高度。中央林业工作会议指出，林业在贯彻可持续发展战略中具有重要地位，在生态建设中具有首要地位，在西部大开发中具有基础地位，在应对气候变化中具有特殊地位。实现科学发展，必须把发展林业作为重大举措；建设生态文明，必须把发展林业作为首要任务；应对气候变化，必须把发展林业作为战略选择；解决"三农"问题，必须把发展林业作为重要途径。为此，党中央、国务院在政策制定、工作部署、财力投放等方面切实体现了重视林业的战略意图，林业发展面临着新的重大机遇。我省地处长江、珠江上游，山地、丘陵占国土面积的 92.5%，林地面积占国土面积的近 50%，是典型的喀斯特高原省份，生态环境独特，生态地位重要。改革开放 30 年来，特别是西部大开发以

来，全省各级各部门认真贯彻落实中央关于林业的一系列方针政策，坚持全省动员、全民动手、全社会办林业，扎实推进以退耕还林、天然林保护为重点的林业生态建设，取得显著成效。2006 年全省森林覆盖率达39.93%，水土流失得到有效遏制，生态状况明显改善，生物多样性明显增加，生态环境优势得到巩固和扩大。但从总体上看，我省生态环境仍然十分脆弱，林业产业发展滞后，林业改革发展的任务仍然十分艰巨。进一步加快我省林业改革发展，保住青山绿水，对建设生态文明，维护国土生态安全，加快山区经济的发展，解决"三农"问题具有十分重要的意义。全省各级各部门要从全局和战略的高度，认清形势，统一思想，抓住机遇，乘势而上，大力加强林业建设，不断开创我省林业改革发展的新局面。

当前和今后一个时期，我省林业改革发展的总体思路是，以邓小平理论和"三个代表"重要思想为指导，深入贯彻落实科学发展观，全面贯彻中央林业工作会议精神，以兴林富民为宗旨，以深化集体林权制度改革为核心，优化林业发展的政策环境，大力发展现代林业，加快建立完善的林业生态体系、发达的林业产业体系和繁荣的生态文化体系，全面提升可持续发展能力，为推进生态文明建设，深入实施环境立省战略，实现贵州经济社会发展历史性跨越作出积极的贡献。

主要目标任务是，紧紧围绕资源增长和农民增收两大目标，深化集体林权制度改革，逐步建立现代林业产权制度和林业支持保护体系。今后 5 年，完成营造林任务 1500 万亩，确保森林覆盖率年均增长 1 个百分点以上；加快结构调整，大力发展林业产业，为我省经济社会可持续发展提供有力保障。

二　大力加强林业生态建设，增创生态环境新优势

森林是陆地生态系统的主体，林业在生态建设中具有首要地位，是经济和社会可持续发展的重要基础。保住青山绿水，巩固和扩大我省生态环境的竞争优势，必须把林业生态建设作为最根本、最长期的措施，坚持不懈地抓紧抓好。

（一）继续加强林业重点工程建设，不断增加森林资源总量。以退耕还林、天然林保护、珠江防护林体系建设和石漠化综合治理等重点工程为支撑，大力推进植树造林、荒山造林和封山育林，提高营造林质量，确保

1500万亩营造林任务的完成。全面加强森林经营，加强中幼林抚育和低产低效林改造，不断提高森林质量和效益。实施好巩固退耕还林成果专项规划，切实巩固退耕还林成果。整合石漠化综合治理、水土保持、农业综合开发等涉农项目和资金，通过产业结构调整，大力发展草地畜牧业和经果林，减少陡坡垦殖，逐步将25度以上的坡耕地退下来。进一步做好石漠化综合治理试点工作，加快植被恢复，有效治理水土流失。

（二）加强城乡绿化一体化建设，着力改善人居环境。在抓好深山远山造林绿化的同时，关注和重视人居环境生态建设。切实增强城乡居民生态文明意识，认真落实部门绿化责任制，推动全民义务植树运动向纵深发展。将美化环境和增强生态功能紧密结合，努力建设森林城市、森林乡镇、森林村庄、森林校园，不断提高绿化水平，让城乡居民享受更多更好的生态产品。重点抓好铁路、高等级公路等旅游干线和旅游村寨的绿化、美化，促进全省旅游景观的整体改善。

（三）全面加强森林资源保护，巩固扩大生态建设成果。健全地方林业法规制度体系，加强林业方针政策、法律法规的宣传教育，提高公众的法制意识。加强森林公安、林业有害生物防治、木材检查站、林业工作站基础设施建设和队伍建设，不断改革执法手段，提高执法水平。进一步加强护林员队伍管理，切实落实森林管护责任。强化森林防火行政负责制和林业有害生物防治目标责任制，将防治经费列入各级财政预算。完善防治预案、改进防控手段，加强预测预报、信息发布和应急演练，提高应急处置能力，严密防控重大森林火灾和松材线虫病等重大林业有害生物危害，保障森林安全。加大对破坏森林资源案件的查处力度，严厉打击乱砍滥伐、乱捕滥猎、乱征滥占、乱挖滥采等破坏森林资源的违法犯罪行为。

三　加快林业产业结构调整，促进林业增效、农民增收

林业产业是国民经济的重要基础产业，是同时兼有生态、经济、社会三大效益的特殊产业。发展林业产业，既是促进农民增收、扩大社会就业的重要途径，也是实现森林资源持续增长的重要手段。

（一）加大林业产业结构调整力度。继续发展木材及木材制品等传统林产品，在产品的深度开发上取得新突破。大力以林板、林纸一体化为重点的木材精深加工，延长产业链，提高附加值。加快发展特色林产品，在培育林业特色优势资源方面取得新突破。依托资源优势，因地制宜，大力

发展茶叶、油茶、中药材、花卉、干鲜果、森林蔬菜等特色产业基地，加快形成林业特色优势产业。大力培育林业产业化经营龙头企业，加强林业产业带和产业集群带建设，优化产业结构，提高资源综合利用效率，努力提升林业产业水平，最大限度地满足经济社会发展对林产品日益增长的需求。

（二）大力发展森林旅游。正确处理好保护和发展的关系，在坚持生态优先的前提下，以森林公园、自然保护区的自然景观资源为依托，充分开发森林文化、游憩等功能，大力发展森林旅游。多渠道筹集资金，加强森林公园和自然保护区基础设施建设，不断提高旅游接待能力和服务水平，努力打造特色精品旅游线路。通过开展森林旅游，促进乡村旅游服务业发展，拓展农民增收渠道，使广大农民在保护青山绿水的同时得到更多实惠。

（三）加强规划引导和政策扶持。按照布局区域化、生产专业化、经营集约化的要求，认真做好林业产业发展规划，结合资源优势，确定当地重点发展的特色优势产业和主导产品，引导林业产业健康发展，努力形成区域特色。从 2009 年起，省财政建立省级林业产业发展专项资金，今后视财力情况逐步增加，以贷款贴息和补助的方式，加大林业产业化经营龙头企业的扶持力度，促进林业产业规模化发展。各市（州、地）也要建立林业产业发展专项资金。制定和完善林业产业行业准入标准，完善木材经营加工许可证制度，坚持平等准入、公平待遇的原则，鼓励和扶持个体私营等非公有制经济参与林业产业建设，在投资核准、融资服务、财税政策等方面，对非公有制企业与其他所有制企业一视同仁，实行同等待遇。

四　以深化集体林权制度改革为核心，建立健全林业支持保护体系

集体林权制度改革是加快林业发展、巩固生态建设成果、振兴林区经济、富裕广大林农的根本途径。要切实巩固集体林权制度改革取得的成果，加快出台集体林权制度配套改革政策，理顺林业管理体制，创新林业运行机制，建立健全林业支持保护体系，大力推进林业改革建设发展。

（一）建立健全林业支持保护制度，为发展现代林业和建设生态文明提供有力保障。建立林业投入保障制度。将林业部门行政事业经费全额纳入各级政府财政预算，将林业基础设施建设纳入各级政府基本建设规划和

相关行业发展规划，落实好林业重点工程配套资金和工作经费，确保林业工作的正常运转和工作条件的不断改善。煤炭、造纸等行业要根据《森林法》规定，按照煤炭和木浆纸张产量提取一定数额的资金，专门用于营造坑木、造纸等用材林。林业工作站、木材检查站等基层林业执法单位人员工资和公用经费尚未纳入财政预算的，要全额纳入本级财政预算，各级编制部门要切实解决好有关人员编制问题。

建立健全地方公益林森林生态效益补偿制度。认真落实好中央森林生态效益补偿制度。要在全省范围内全面启动地方公益林森林生态效益补偿，补偿标准为每亩每年5元，由省、地、县三级财政按照4∶3∶3的比例分担，今后视财力情况逐步提高补偿标准。各地、各部门要确保补偿资金落实到位，兑现到户。

建立林业补贴制度。从2010年起，开展造林优质苗木、中幼林抚育、低产林改造的补贴试点工作，不断总结经验，逐步建立我省各级财政造林、抚育、保护、管理林业投入补贴制度和野生动物肇事补偿制度。

健全林业税费扶持制度。降低育林基金的征收标准。按照国家财政部、国家林业局《育林基金征收使用管理办法》（财综〔2009〕32号），将征收标准由原来的20%调减到10%，并适当调整征收范围，让利于民。继续对以林区"三剩物"（采伐、造材、加工剩余物）和次小薪材（次加工材、小径材、薪材）为原料生产加工的综合利用产品实行增值税即征即退政策。

（二）健全林业金融支撑制度，全面增强金融对林业发展的服务能力。健全林权抵押贷款制度。按照中国人民银行、财政部、银监会、保监会、国家林业局《关于做好集体林权制度改革与林业发展金融服务工作的指导意见》（银发〔2009〕170号），完善我省已出台的抵押贷款办法，争取更加优惠的政策，扩大金融服务的范围。银行业金融机构应根据林业的经济特征、林权证期限、资金用途及风险状况等，合理确定林业贷款的期限，林业贷款期限最长可为10年，具体期限由金融机构与借款人根据实际情况协商确定。银行业金融机构应根据市场原则合理确定各类林业贷款利率。对于符合贷款条件的林权抵押贷款，其利率一般应低于信用贷款利率；对小额信用贷款、农户联保贷款等小额林农贷款业务，借款人实际承担的利率负担原则上不超过中国人民银行规定的同期限贷款基准利率的1.3倍。

建立政策性森林保险制度。2010 年在全省 9 个市（州、地）各选择 1
个县（市、区、特区）开展森林火灾保险试点，省财政补贴一定比例的
保费，并优先纳入中央森林保险保费补助的试点申报范围；其他具备条件
的县（市、区、特区）可积极探索开展森林火灾保险工作，各级各有关
部门要给予大力支持。各级财政要列出森林保险专项资金，对森林保险保
费进行补贴，逐步建立全省政策性森林保险制度。

（三）健全林木采伐管理制度，赋予森林经营者更加充分的林木处置
权。认真抓好森林采伐管理改革试点工作，总结经验，全面改革采伐管理
方式，简化审批程序，推行采伐限额公示制，逐步建立健全简便易行、公
开透明的管理服务新模式和以森林经营方案为基础的森林可持续经营新机
制，赋予森林经营者更加充分的林木处置权。非林业用地上的林木，不纳
入采伐限额管理，由经营者自主采伐；商品林采伐指标 5 年内可结转使
用；公益林可以依法进行抚育和更新性质的采伐，严格控制采伐年龄、采
伐方式和强度。基层林业部门要引导和帮助森林经营者编制森林经营方
案，依方案核定采伐限额，分解落实到经营主体。

（四）建立健全集体林权流转制度，规范林地承包经营权、林木所有
权流转。尽快出台《贵州省森林林木林地流转条例》，规范集体林权流
转。在不改变林地集体所有性质、不改变林地用途的前提下，林农可以依
法自愿有偿对拥有的林地承包经营权和林木所有权进行转包、出租、转
让、入股、抵押或作为出资、合作条件，任何组织和个人不得限制或强迫
农民流转林权。鼓励农民走专业合作的路子，联合开展规模经营、集约经
营。建立林权流转市场，为林权流转提供信息发布、市场交易、政策法律
咨询等综合服务。依法规范林权流转登记管理工作，搞好林权纠纷调处和
合同争议仲裁，建立森林资源资产评估制度，促进林权规范有序流转，维
护农民的合法权益。

（五）建立健全林业社会化服务体系，为林业发展提供优质高效服
务。建立林业产业信息服务系统，加强市场信息的收集、整理及动态分
析，为企业和行业发展提供服务。结合我省实际，加快制定推进林业社会
化服务体系建设指导性意见，加强对农民林业专业合作社、家庭合作林
场、股份制林场等林业合作组织的扶持，通过开展自我服务，降低生产和
流通成本，提高经济效益。加强乡镇林业站建设和管理，充分发挥其指导
服务职能。大力培育林业大户，扶持和发展各种林业专业合作组织，为生

产者提供从原料、生产到销售、消费等全过程服务，拓宽农民参与林业建设的渠道，增强林业产业发展后劲。支持和引导林业咨询、评估机构和专业协会等中介组织健康发展，充分发挥其在规范市场秩序、维护公平竞争、保护经营者合法权益、沟通政府与企业关系等方面的作用。

五　进一步加强对林业工作的领导，切实开创林业改革发展的新局面

坚持全省动员、全民动手、全社会办林业的方针，进一步加强对林业工作的领导，完善机制，齐抓共管，落实责任，密切配合，加大政策和资金支持力度，为林业改革发展提供有力保障。

（一）加强组织领导。各级党委、政府要把林业工作摆上重要议事日程，切实把发展林业作为生态文明建设的首要任务，列入党政工作目标的重要考核内容，层层落实工作责任制，精心组织，周密部署，确保领导到位、责任到位、措施到位。各部门要切实增强大局意识，各负其责，通力协作，积极支持林业改革发展，形成党委统一领导、党政齐抓共管、有关部门各负其责的领导体制和工作机制。将林业改革发展纳入人大代表、政协委员视察的重要内容，充分发挥人大代表、政协委员的监督作用。发挥人民解放军、武警部队、民兵预备役部队和人民团体、社会组织在森林保护、国土绿化等方面的重要作用，共同推动林业改革发展。

（二）加强科技支撑。紧紧围绕我省林业生态建设和产业发展的重点、难点问题组织开展科技攻关，为林业发展提供强有力的科技支撑。加强林业科技成果转化，大力推广林业先进适用技术，提升林业建设的科技含量。加快林业信息化、标准化建设，加强林业信息服务，不断提高林业建设的科学管理水平。

（三）加强林业队伍建设。切实加强林业干部队伍建设，把政治素质好、业务能力强的优秀人才充实到领导岗位上，提高干部队伍的决策能力和执行能力。大力发展林业教育，全面加强技术培训，努力造就一支高素质的林业队伍。加强作风建设，各级领导干部要深入基层、林区调查研究，切实解决好林业改革发展中的困难和问题。加强廉政建设，加大对重点领域、重点部位和关键岗位的监督管理，严肃查处违法违纪案件，坚决遏制林业系统职务犯罪。对在林业建设方面作出突出贡献的单位和个人，给予表彰奖励。

（四）加强生态文明宣传教育。切实加强自然保护区、森林公园等生态文化载体建设，充分挖掘、整理和提炼传统的森林文化、竹文化、茶文化、花文化等生态文化，让人们在领略自然风光的同时，接受到更多的生态文化教育，树立生态文明理念。通过各种媒体，加强生态文明的宣传教育，引领全社会了解生态知识，认识自然规律，树立人与自然和谐的价值观，促进生产生活方式和消费理念的转变。通过大力开展全民义务植树和生态观光、生态休闲活动，组织营造各种纪念林，培养人们善待自然、善待环境的生态文明观。牢固树立绿色 GDP 的科学发展理念，树立破坏生态环境就是破坏生产力、保护生态环境就是保护生产力、改善生态环境就是发展生产力、保住青山绿水也是政绩的观念，促进我省林业健康发展，生态环境更加改善，为实现我省经济社会发展的历史性跃起提供有力保障。

《贵州省森林林木林地流转条例（2010 年 7 月 28 日贵州省第十一届人民代表大会常务委员会第十六次会议通过）》

第一章　总则

第一条　为了规范森林、林木、林地流转行为，保障流转当事人的合法权益，促进林业可持续发展，根据《中华人民共和国森林法》、《中华人民共和国农村土地承包法》、《中华人民共和国农村土地承包经营纠纷调解仲裁法》等有关法律、法规的规定，结合本省实际，制定本条例。

第二条　森林、林木、林地流转是指森林、林木的所有权人、使用权人或者林地的使用权人，不改变林地所有权性质和用途，依法将森林、林木的所有权、使用权或者林地使用权的全部或部分转移给他人的行为。

第三条　在本省行政区域内进行森林、林木、林地流转，应当遵守本条例。

依法征收、征用林地使林地所有权或者使用权发生转移的，不适用本条例。

第四条　县级以上人民政府应当加强对森林、林木、林地流转工作的领导，为森林、林木、林地流转工作的开展及基础服务设施的建设提供经费保障。

第五条　省人民政府林业行政主管部门负责全省的森林、林木、林地流转监督管理工作。

市、州人民政府、地区行政公署和县级人民政府林业行政主管部门负责本行政区域内森林、林木、林地流转监督管理工作。县级以上人民政府其他有关部门按照各自职责，做好与森林、林木、林地流转相关的管理工作。

第六条　森林、林木、林地流转应当遵循以下原则：

（一）有利于保护、培育和合理利用森林资源；

（二）不损害国家、集体和个人的合法权益；

（三）依法、自愿、有偿、公开、公平、诚实信用、平等协商。

第七条　森林、林木、林地流转后，依托森林、林木、林地生存的珍贵、濒危或者具有重要经济、科学研究价值的野生动物，原生地天然生长的珍贵的或者具有重要经济、科学研究、文化价值的野生植物以及古树、名木、大树的保护义务同时转移。

第八条　森林、林木、林地流转受法律保护。任何单位或者个人不得妨碍森林、林木、林地流转。

森林、林木、林地流转所得收益归森林、林木、林地的所有权人或者使用权人，任何单位或者个人不得侵占、截留、挪用、私分。

第九条　鼓励森林、林木、林地所有权人或者使用权人自愿联合，依法组建农民林业专业合作社，以资金、森林、林木、林地、产品、劳力等形式出资或者折资折股入社。

第二章　流转范围、期限及方式

第十条　森林、林木、林地权属明确，并依法取得国家统一式样林权证书的，可以依法流转。但自然保护区内核心区、缓冲区的森林、林木、林地不得流转。

第十一条　县级以上人民政府批准公布的生态公益林，在不破坏生态功能、不改变生态公益林性质的前提下，可以采取承包、合资合作、出租的方式，发展林下种养业和森林旅游业。

第十二条　森林、林木、林地的流转期限不得超过承包期剩余期限。再次流转的，不得超过上一次流转合同约定的剩余期限。

第十三条　森林、林木、林地的流转可以采取承包、转包、互换、转让、出租、抵押、合资合作等方式。自留地、自留山的林地使用权不得抵押、转让。

国有森林、林木、林地的流转，应当依法采用承包、转包、出租、合资合作的方式，并在依法设立的流转管理服务机构中按照有关法律、法规规定的程序进行。

集体经济组织或者村民委员会统一经营管理的森林、林木、林地的流转，应当依法采取承包、转包、出租、抵押、合资合作的方式。

第十四条　单位或者个人通过招标、拍卖、公开协商等方式依法有偿取得宜林荒山荒地的使用权。

第三章　流转程序

第十五条　森林、林木、林地的流转，当事人应当签订书面合同。涉及多个出让方的，受让方应当分别与每个出让方签订流转合同。

流转合同示范文本由省人民政府林业行政主管部门制定。流转合同应当包括下列内容：

（一）当事人姓名（名称）、住所；

（二）流转的森林、林木、林地的坐落、四至、面积及示意图、林种、主要树种、蓄积量等；

（三）流转价款和支付方式、支付时间；

（四）流转期限及起止日期；

（五）当事人的权利和义务；

（六）合同期满时森林、林木、林地的处置方式；

（七）合同有效期内，林地被征收、征用，所得补偿费用的分配比例及处理方式；

（八）违约责任；

（九）解决争议的方式；

（十）当事人约定的其他内容。

第十六条　个人依照本条例流转森林、林木、林地，当事人签订的流转合同应当报所在地集体经济组织或者村民委员会备案，但采取转让方式流转林地使用权的，还应当经发包的集体经济组织或者村民委员会同意。

第十七条　集体经济组织或者村民委员会统一经营管理的森林、林木、林地的流转，应当将森林、林木、林地的基本情况、流转方式、受让条件等在本集体经济组织内予以公示，公示期为 15 日。公示期满无异议的，经本集体经济组织成员的村民会议三分之二以上成员或者三分之二以上村民代表的同意后方可流转。但本集体经济组织成员的村民会议三分之二以上成员或者三分之二以上村民代表要求进行森林资源资产评估的，应当进行资产评估。

第十八条　国有森林、林木、林地的流转应当进行森林资源资产评估，并经本单位职工大会或者职工代表大会三分之二以上成员讨论通过后，按照管理权限报县级以上人民政府林业行政主管部门批准后方可流转。

第十九条　国有、集体经济组织或者村民委员会流转森林、林木、林地已经进行森林资源资产评估的，流转价格应当以资产评估价值为基准，原则上不得低于评估价值。

个人依照本条例流转森林、林木、林地，是否进行森林资源资产评估，由当事人自主决定，可以依法采取转让、出租、合资合作、抵押等方式流转。

第四章　流转管理

第二十条　县级以上人民政府设立的森林、林木、林地流转交易服务机构，应当建立流转信息库，及时公布流转信息，指导和办理流转手续，为当事人提供业务咨询。流转当事人有权查询、复制与其流转相关的登记资料，流转交易服务机构应当提供便利，不得拒绝或者限制。

第二十一条　以森林、林木、林地抵押的，当事人应当签订抵押合同，并到所在地县级以上人民政府林业行政主管部门办理抵押登记。抵押权自登记之日起设立。

第二十二条　流转森林、林木、林地的，应当到所在地县级以上人民政府林业行政主管部门办理林权变更登记，并提交以下材料：

（一）变更登记申请书；

（二）国家统一式样的林权证书；

（三）流转合同。

流转国有森林、林木、林地的，还应当提交县级以上人民政府林业行政主管部门同意流转的批准文件。

流转集体经济组织或者村民委员会统一经营管理的森林、林木、林地的，还应当提交本集体经济组织成员的村民会议三分之二以上成员或者三分之二以上村民代表同意的决议。

流转共有或者合资合作经营的森林、林木、林地的，还应当提交共有人或者合资合作各方同意的书面材料。

第二十三条　县级以上人民政府林业行政主管部门应当对森林、林木、林地流转当事人提供的登记申请材料进行审查。材料齐全的，应当场受理；材料不齐全的，应当在 5 日内一次性告知当事人需要补正的全部内容。逾期不告知的，自收到申请材料之日起即为受理。

第二十四条　县级以上人民政府林业行政主管部门应当自受理林权变更登记申请之日起 5 日内将有关材料在流转所在地进行公示，公示期为 30 日。公示期满后无异议的，县级以上人民政府林业行政主管部门应当自公示期满之日起 10 日内对符合条件的，予以变更登记；对不符合条件的，不予变更登记，并书面告知申请人不予变更登记的理由。变更登记生效之日起，森林、林木、林地权属转移。

第二十五条　有下列情形之一的，不予办理林权变更登记：

（一）国有森林、林木、林地流转未取得县级以上人民政府林业行政主管部门批准同意的；

（二）集体经济组织或者村民委员会统一经营管理的森林、林木、林地的流转未经本集体经济组织成员的村民会议三分之二以上成员或者三分之二以上村民代表同意的；

（三）本集体经济组织成员的村民会议三分之二以上成员或者三分之二以上村民代表要求进行森林资源资产评估未评估的；

（四）设定抵押权的森林、林木、林地的流转，未经抵押权人书面同意的；

（五）贷款造林的森林、林木、林地的流转，未经贷款人书面同意的；

（六）超过经营期限签订林权流转合同的；

（七）采取转让方式再次流转林地使用权未经发包的集体经济组织或者村民委员会同意的；

（八）法律、法规规定的其他情形。

第二十六条　森林资源资产评估应当由有相应资质的评估机构进行，评估机构中应当有 3 名以上林业中级以上专业技术职称的相关人员。

评估机构应当按照国家和省有关森林资源资产评估的技术规程和办法进行评估，出具评估报告书，并对评估报告书的真实性负责。

第二十七条　森林资源资产评估报告书自评估基准日起 1 年内有效，国家政策发生重大变动或者当事人另有书面约定的除外。超过 1 年后流转的，应当重新进行森林资源资产评估。

第五章　争议调处

第二十八条　发生森林、林木、林地流转争议的，当事人可以自行和解，也可以请求村民委员会、乡镇人民政府等调解或者向人民法院提起诉讼。

涉及农村土地承包经营权的森林、林木、林地流转发生的争议，当事人和解、调解不成或者不愿和解、调解的，可以依法申请农村土地承包仲裁委员会仲裁。

未涉及农村土地承包经营权的森林、林木、林地流转发生的争议，当事人和解、调解不成或者不愿和解、调解的，可以按照以下规定申请依法处理：

（一）个人之间、个人与单位之间发生的森林、林木、林地流转争议，向所在地乡镇人民政府或者县级人民政府申请依法处理；

（二）单位之间发生的森林、林木、林地流转争议，向所在地县级人民政府申请依法处理。

（三）跨行政区域的森林、林木、林地流转争议，向其共同的上一级人民政府申请依法处理。

当事人对人民政府的处理决定不服的，可以依法申请行政复议或者向人民法院提起诉讼。

第二十九条　县级以上人民政府设立的农村土地承包仲裁委员会负责森林、林木、林地争议纠纷的仲裁。

农村土地承包仲裁委员会及仲裁员中应当有熟悉林业法律、法规和政策的人员。

第三十条　流转争议经调解达成协议的，主持调解的部门应当制作争议调解协议书。协议书应当写明调解请求、调解事由和调解结果，分别由当事人签字或者盖章，经调解人员签名并加盖组织调解机构的印章后生效。

第三十一条　当事人对农村土地承包仲裁委员会作出的发生法律效力的调解书、裁决书，应当按照规定的期限履行。一方当事人逾期不履行的，另一方当事人可以向有管辖权的基层人民法院申请执行。受理申请的人民法院应当依法执行。

第六章　法律责任

第三十二条　违反本条例规定，受让方在林地使用过程中改变林地用途或者破坏林地的，或者改变生态公益林性质的，由县级以上人民政府林业行政主管部门责令停止违法行为，恢复原状，并按照有关法律、法规的规定处理。

第三十三条　违反本条例规定，提供虚假材料骗取林权变更登记的，由县级以上人民政府林业行政主管部门撤销变更登记，有违法所得的，没收违法所得，并处以 5000 元以上 3 万元以下罚款。

第三十四条　森林资源资产评估机构及其工作人员在评估中弄虚作假、徇私舞弊，造成损失的，依法承担赔偿责任。

第三十五条　县级以上人民政府林业行政主管部门及其他行政机关工作人员有下列行为之一，尚不构成犯罪的，依法给予行政处分：

（一）违法批准森林、林木、林地流转的；

（二）不依法登记、颁发林权证书的；

（三）利用职权擅自更改林权证书的；

（四）妨碍森林、林木、林地所有权人或者使用权人依法行使流转自主权的；

（五）拒绝或者限制流转当事人查询、复制与其流转相关的登记资料的；

（六）其他玩忽职守、滥用职权、徇私舞弊的行为。

第七章　附则

第三十六条　本条例实施前已经发生的森林、林木、林地流转并办理了林权变更登记手续的，其流转继续有效。未办理林权变更登记手续的，当事人应当向县级以上人民政府林业行政主管部门提出申请，按照本条例规定条件，办理林权变更登记。

第三十七条　本条例自 2010 年 10 月 1 日起施行。

《贵州省公益林保护和经营管理办法》

（2011 年 3 月 8 日）

第一章　总则

第一条　为加强对公益林的保护和经营管理，改善生态环境，促进经济和社会可持续发展，切实维护林权所有者、经营者、管理者的合法权益，巩固和深化集体林权制度改革成果，根据《中华人民共和国森林法》、《中共中央国务院关于加快林业发展的决定》（中发［2003］9 号）、《中共中央国务院关于全面推进集体林权制度改革的意见》（中发［2008］10 号）、《中共贵州省委贵州省人民政府关于进一步加快林业改革发展的意见》（黔党发［2009］16 号）等有关规定，结合本省实际，制定本办法。

第二条　公益林按事权等级划分为国家级公益林和地方公益林。

在本省行政区域内从事公益林建设、保护、管理和生产经营等活动的单位和个人，必须遵守本办法。

第三条　本办法所称国家级公益林是指按照《国家级公益林区划界定办法》（林资发［2009］214 号）区划界定的重点防护林和重点特种用途林；地方公益林是指介于国家级公益林与商品林之间的防护林和特种用途林。

第四条　公益林的保护和经营管理遵循生态优先、分级管理、严格保护、科学经营、合理利用的原则。各级林业主管部门应按照有关规定，将公益林的保护和管理纳入保护和发展森林资源任期目标责任制和年度目标考核的重要内容。

第二章　区划界定

第五条　公益林的区划界定必须现地落实到山头地块，并签订公益林现场界定书，做到四至清楚、权属明晰、事权落实，以斑块为单位实行地籍化管理。

第六条　国家级公益林区划界定成果，经省级人民政府审核同意后，由省林业厅会同财政厅向国家林业局和财政部申报；地方公益林区划界定成果逐级上报省林业厅进行认定。

第七条　公益林经区划界定后批准公布的数据，不得擅自调整，确需调整的，应逐级报原批准机关批准。

第三章　补偿兑现

第八条　国家级公益林的森林生态效益补偿按《中央财政森林生态效益补偿基金管理办法》执行，地方公益林的森林生态效益补偿按省财政厅和省林业厅印发的地方财政森林生态效益补偿基金管理办法执行。

第四章　保护管理

第九条　各级林业主管部门对公益林实行保护管理责任制，并根据辖区内公益林资源状况，建立和完善公益林管护制度。

公益林管护必须签订管护合同，林权权利人和管护人员应按照管护合同约定履行管护义务、承担管护责任，根据管护合同履行情况领取管护补助费。

（一）国有公益林，由经营管理单位与专职管护人员签订管护合同。

（二）集体经营管理的公益林，由县级林业主管部门与各乡镇；各乡镇与村委会；村委会与专、兼职管护人员签订管护合同。

（三）林农个人经营的公益林，由村集体与个人签订管护合同，并报县级林业主管部门备案。

（四）省级以上自然保护区内权属为集体和个人的公益林，由保护区管理局与村集体和林农个人签订管护合同。

公益林的专职护林员应保持相对稳定，其主要职责是：在管护责任区进行日常巡护，监测和预防森林火灾、林业有害生物危害和制止乱砍滥伐、乱征滥占、乱采滥挖、乱捕滥猎、毁林开垦等破坏森林资源行为，及时向当地政府和林业主管部门报告情况，协助做好有关森林灾害的处理和毁林案件的查处，以及管护合同规定的其他工作。

乡（镇）林业工作站和各有关国有森林经营单位负责对管护人员履行管护合同的情况进行监督、检查和指导。

第十条　县级林业主管部门应在公益林经营区周边明显处，设立永久性标牌，立碑公示。公益林标志牌应当标明公益林类别、面积、责任人等内容。任何单位和个人不得毁坏或擅自移动标志牌。

第十一条　严格控制征占用公益林林地，特别是国家级公益林林地。确需征占用的，由县级林业主管部门根据国家相关规定，按程序逐级上报，依法办理用地审核、林木采伐审批手续。

第十二条　县级林业主管部门应积极组织在生态功能低下的疏林、残次林林份或宜林地进行补植或封育，对公益林内的宜林荒山荒地、林中空地等实行限期造林，逐步提高公益林的生态功能等级。

法律规定的全民义务植树活动和各项林业生态工程，应重点安排在公益林区域内。

第十三条　各级林业主管部门应认真贯彻"预防为主、积极消灭"的森林防火方针，在公益林分布区和外围设置森林防火宣传牌、开设林火阻隔道或营造生物防火林带，组建专业扑火队伍，把年度公益林区域内的森林火灾受害率控制在规定范围之内。

第十四条　县级以上林业主管部门应认真做好公益林的有害生物防治工作，禁止使用带有检疫性有害生物的林木种子和苗木进行育苗、造林，提倡营造混交林，积极进行封山育林、改善林地生态环境。加强有害生物监测预警、检疫御灾和防治减灾体系建设，定期对有害生物发生、发展情况进行预测预报，认真贯彻"预防为主，科学防控，依法治理，促进健康"的方针，严格控制有害生物的发生和蔓延。

第十五条　各级林业主管部门应加强公益林的安全防范工作，对破坏公益林的违法行为做到早预防、早发现、早控制，把公益林的安全置于整个林区治安防范网络，严厉打击各种破坏公益林的违法犯罪行为。

第五章　森林经营

第十六条　在公益林区域内开展生态旅游，按照《贵州省实施〈森林和野生动物类型自然保护区管理办法〉细则》和《贵州省森林公园管理条例》的规定执行；开展其他不影响森林景观和生态功能的经营开发，按照《贵州省林地管理条例》的规定执行。

经批准在公益林区域内的各种经营活动，应体现保护优先原则，不得引起水土流失，破坏生态环境。

已经开展经营活动的，要补办相应手续。违反公益林管理规定的作业活动应立即停止。

第十七条　禁止在公益林内进行活立木移植、挖掘、开垦、采石、采集珍稀植物以及在封山育林区放牧等破坏森林植被和森林生态功能的活动。因科学研究等非商品性经营需移植、采集国家级公益林内植物的，经县级林业主管部门审核，报省林业厅审批。

第十八条　严格公益林采伐管理。

公益林的抚育采伐、更新采伐和其他采伐依据《生态公益林建设技术规程》（GB/T18337.3—2001）、《森林抚育规程》（GB/T15781—2009）、《森林采伐作业规程》（LY/T1646—2005）和《低效林改造技术规程》（LY/T1690—2007）等相关标准执行。

第十九条　申请公益林采伐，经由具有调查资质的单位调查核实后逐级申报，申报材料需附公益林现场界定书。公益林采伐指标不得跨年度结转使用。

国家级公益林受灾木的清理，由县级林业主管部门报市（州、地）林业主管部门审批，报省林业厅备案；森林抚育采伐、更新采伐和其他采伐逐级审核后报省林业厅审批。

地方公益林的生产经营活动由市（州、地）林业主管部门审批。

第二十条　各级林业主管部门要充分发挥森林资源管理机构在保护公益林中的作用，加强和改善基础设施建设及条件，确保公益林保护、监督、管理制度的落实，从严查处破坏公益林森林资源的林业行政案件。

第二十一条　公益林不得转变为商品林经营。擅自将防护林和特种用途林改变为其他林种的，由县级以上林业主管部门依照《森林法实施条例》规定，收回林权所有者或经营者所获取的森林生态效益补偿，并处所获取森林生态效益补偿3倍以下的罚款。

第六章　效益监测

第二十二条　各级林业主管部门应建立公益林监测体系，及时掌握公益林的种类、数量、质量、防护效果、经营管理等现状及动态变化情况，监测本辖区公益林生态功能的变化趋势。

省林业厅负责组织对全省公益林资源保护、管理、经营、利用及消长等情况进行定期监测。

第二十三条　公益林资源变化动态监测主要以年度管护核查和定期监测为基础，建立公益林建设规划、设计等技术资料档案和资源档案，准确记载森林区划界定、森林资源和野生动植物资源变化、林业经营活动、非林业经营活动等情况，客观、科学反映公益林资源现状和消长动态。

第七章　档案建立

第二十四条　各级林业主管部门应建立公益林管理档案，档案建设应有必备的办公设备，专人负责。

公益林资源档案管理工作必须坚持实事求是、科学管理的原则，做到图、表、卡和文字材料规范，原始档案（公益林现场界定书、林权证复印件，管护合同、兑现名册等）和技术档案（年度核查结果、数据更新相关资料、卫星影像、图片等）齐全，应用"贵州省公益林管理信息系统"对公益林进行动态管理，确保公益林资源档案的科学性、准确性和连续性。

对于公益林在自然和人为因素的影响下所引起的地类、面积、蓄积等因子的变化，必须深入实地调查核实其位置和数量，及时修正档案数据和图面等材料，按规定和程序更新公益林信息系统数据。

第八章　监督与检查

第二十五条　县级以上林业主管部门负责每年对所辖行政区域内公益林的保护管理情况进行检查。检查内容：

（一）公益林保护管理情况检查：执行政策法规；管理机构和人员落实；林木采伐和征占用林地；森林防火与火灾扑救；有害生物监测、检疫与防治；签订领导责任制以及管护合同；建立管理规章、制度；设置永久性碑牌和责任区标牌；建立档案、数据库、图库等情况。

（二）按国家和省的有关规定对森林生态效益补偿资金的使用情况进行检查。

（三）对管护合同的执行情况进行检查。

第二十六条　检查工作实行分级负责。

（一）县级林业主管部门负责组织乡（镇）林业工作站和各有关森林经营单位，对辖区内公益林保护管理情况进行全面自查，并于次年1月底前将检查结果报市（州、地）林业主管部门。

（二）各市（州、地）林业主管部门在县级自查的基础上组织复查，每个县的复查面积应不少于其检查面积的5%，并于2月底前将复查结果和各县（市、区、特区）检查结果汇报省林业主管部门。

（三）省林业厅根据市（州、地）和县级林业主管部门检查的结果进行重点抽查或随机抽查。

第九章　责任追究

第二十七条　组织、实施公益林保护与管理的经营单位有下列行为之一的，县级以上林业主管部门应责令限期改正，造成严重后果的，依法追究有关负责人和当事人的责任，并由省财政厅、省林业厅核减或不安排生态效益补偿公共管护支出。

（一）未按期完成年度管护核查和定期监测的；

（二）年度检查验收不合格的；

（三）挪用、挤占、截留森林生态效益补偿资金的；

（四）对森林火灾、有害生物防治不力，对盗伐滥伐和乱征滥占林地打击不力以及经营管理不善等人为因素造成公益林资源数量减少、质量下降的；

（五）未按本办法规定执行，造成各项保护管理指标达不到或超过标准的；

（六）在公益林区域内出现其他严重破坏森林资源行为的。

第十章　其他

第二十八条　在国家未出台公益林经营管理规定之前，在贵州省内从事公益林保护和经营管理活动或其他规定与本管理办法有冲突的，以本管理办法为准。

第二十九条　本办法自印发之日起施行。原《贵州省重点公益林经营管理办法（暂行）》（黔林资通〔2006〕30 号）同时废止。

《2012 年进一步推进我省集体林权制度改革的指导意见（黔林宣通〔2012〕65 号）》

近几年来，全省各地积极推进集体林权制度改革，有效地调动了广大农民和社会力量参与林业建设的积极性，促进了林业生产力发展，为我省林业发展作出了重要贡献。但由于集体林权制度改革尚处于发展初期，存在体制机制不健全、政策体系不完善、创新能力不足、服务程度不高等突出问题，为进一步解放和发展林业生产力，建立适应现代林业发展要求的集体林权制度和经营机制，积极稳妥地推进我省集体林权制度改革工作，确保改革质量和成效，针对改革过程中可能出现的问题和难点，结合我省实际，现就进一步推进我省集体林权制度改革提出如下指导意见。

一　充分认识加快集体林权制度改革的重要意义

林业是一项重要的公益事业和基础产业，具有经济效益、生态效益和社会效益。集体林权制度改革，是农村家庭承包经营制度在林业上的延伸拓展，是对农村土地经营制度的丰富完善，是促进现代林业发展、农民增收的重要举措，是建设生态文明、推动经济社会可持续发展的强大动力。

二　指导思想和基本原则

（一）指导思想。全面贯彻党的十七大精神，深入贯彻落实科学发展观，大力实施以生态建设为主的林业发展战略，不断创新集体林业经营的体制机制，依法明晰产权、放活经营、规范流转，进一步解放和发展林业生产力，促进传统林业向现代林业转变，为建设社会主义新农村和构建社会主义和谐社会作出贡献。

（二）基本原则。坚持农村基本经营制度，积极稳妥推进改革，确保农民平等享有集体林地承包经营权；坚持统筹兼顾各方利益，确保农民得实惠、生态受保护；坚持尊重农民意愿，确保农民的知情权、参与权、决策权；坚持依法办事，确保改革规范有序；坚持分类指导，确保改革符合实际。

三　集体林权制度改革工作的内容和要求

（一）林下经济试点工作

总体要求是在不影响林木正常生长的前提下，大力发展林下种植业、养殖业和林下产品加工业。同时，要做到"五个结合"。一是与农业结构调整相结合；二是与农业产业化发展相结合；三是与无公害农产品生产相结合；四是与农业科技推广相结合；五是与扶贫开发相结合。

1. 因地制宜，科学规划。各试点县要在充分调查研究，摸清林情，了解民意的基础上，根据当地自然条件、林地资源状况、经济发展水平、市场需求情况等，科学制定林下经济发展规划。要结合实际，突出特色，科学确定发展林下经济的种类与规模，科学选择林间种植、养殖模式，因地制宜，宜养则养、宜种则种，统筹兼顾林下经济的社会、经济和生态效益。发展模式要多样化，防止搞"一刀切"，避免盲目跟进、一哄而上。

2. 各试点县可选择 1 至 2 种有示范和带动作用的发展模式，积极摸索林下经济的组织形式、种（养）方式和扶持措施。

（二）农民林业专业合作社示范县建设

农民林业专业合作社示范建设的内容包括：运行规范、管理民主、具有一定规模、实力较为雄厚、发展具有活力、明显的社会效益。

运行规范。一是农民林业专业合作社设立的程序必须符合法定程序。农民林业专业合作社设立的程序分为六个步骤：发起筹备；制定农民林业专业合作社章程；推荐理事会、监事会候选人名单；召开全体设立人大会；组建工作机制；依法登记、注册。二是建章立制。农民林业专业合作社的运行规范，离不开制度的约束，建章立制是示范建设不可分的重要环节。主要包括：有符合法律法规规定的章程；有农民林业专业合作社财务管理制度；有农民林业专业合作社资金管理制度；有农民林业专业合作社成员入退社制度；有农民林业专业合作社岗位责任、财产物资管理、档案管理等制度。三是依照农民林业专业合作社会计制度独立建账核算。有完整的会计资料；有专门的财会人员。四是设立农民林业专业合作社会议签到、记录簿。

管理民主。"实行民主管理、民主决策"，"成员（代表）大会、理事会、监事会都有相应的权利和义务"。召开成员（代表）大会、监事会会议、农民林业专业合作社财务公开会是管理明主的重要体现。成员（代表）大会、监事会会议、农民林业专业合作社财务公开会每年 2 次以上。

具有一定规模。农民林业专业合作社有生产服务及办公场所 200m² 以上；经营林地面积 1000 亩以上；核心示范基地，面积 100 亩以上。

实力较为雄厚。农民林业专业合作社生产服务性固定资产 50 万元以上；年经营总收入 50 万元以上；股东权益 10 万元以上；年盈余总额 30 万元以上，并按照成员与农民林业专业合作社的交易量（额）比例返还。

发展具有活力。有地方政府制定扶持农民林业专业合作社发展的相关政策及措施。有农民林业专业合作社发展规划；有产品营销策划和市场前景预测。

明显的社会效益。带动当地农户200户以上，占当地农户销售与成员同类的主产品比例30%以上。

今年，我省农民林业专业合作社示范县建设的重点是农民林业专业合作社经营机制的创新。总的方向是将"企业经营机制"引入农民林业专业合作社的"合作制"。在农民林业专业合作社内形成现代企业制度，使农民林业专业合作社公平的产权制度和公司的高效经营机制融为一体，达到公平和效率的统一。围绕出资者、管理者、劳动者三者关系，以法人财产权为核心，发展机制为主要内容，决策机制为动力，激励、约束机制为手段，建立权利和义务对称、产权清晰、管理科学、运转高效、富有活力的农民林业专业合作社经营机制，促进农民林业专业合作社档次提升，规范发展。

1. 完善和壮大农民林业专业合作社法人财产权

（1）全面实施所有权和经营权分离，完善农民林业专业合作社法人财产权。

（2）壮大农民林业专业合作社法人财产。

（3）积极推进农民林业专业合作社与其他农民林业专业合作社或其他经济组织资产重组。

2. 创新农民林业专业合作社决策机制，提高决策效率和决策水平

法律规定农民林业专业合作社实行民主管理、民主决策，成员（代表）大会、理事会、监事会都有相应的权利和义务，在此基础上，创新决策机制重点是要在农民林业专业合作社内部形成"代议制"。

（1）理事会根据农民林业专业合作社规章制度行使权力。

（2）建立农民林业专业合作社内部直线职能制。就是将众多的农民林业专业合作社社员进行分层管理，形成农民林业专业合作社—分社—小组的管理体制，使分社成为农民林业专业合作社的质量中心，小组成为农民林业专业合作社生产中心。

（3）积极引进专门人才。农民林业专业合作社80%以上由农民组成，而农民文化程度相对较低，这样往往影响决策水平。在起步阶段凭经验可以组织生产经营，但到一定规模时，就需要引进专门人才了。

3. 建立以效益为中心的发展机制

（1）努力推进外延扩大再生产。林业是劳动密集型产业，扩大规模经营是实现农民林业专业合作社发展的最主要方法。

一是要有条件地扩大生产者社员数量，增加生产规模。二是要尽可能带动非社员扩大规模。三是要积极"走出去"扩大规模。

（2）因地制宜实行内涵式扩大再生产。一是适时调整农民林业专业合作社产业结构，拉长产业链。二是努力兴建服务设施。三是积极实施标准化生产和品牌化经营。

4. 不断完善农民林业专业合作社激励机制

激励机制是指对管理对象的行为从物质、精神等方面进行激发和鼓励以使其行为继续发展的机制。

对管理者来说：一要入大股或者在总生产服务规模中占有法律规定的最高比例。二要实行管理者薪酬制。三要将承包制或经济责任制引入农民林业专业合作社经营。

对生产者来说：一是农民林业专业合作社要千方百计增加对社员的服务力。二是提高民主影响力。三是经常性开展先进评比活动。四是在社员中实行成本核算制。

5. 建立和完善农民林业专业合作社约束机制

（1）对农民林业专业合作社管理者的约束。一要全面建立岗位责任制，将章程规定的理事长、理事会成员的职权和责任进一步细化，防止管理者不作为。二是理事会向社员（代表）大会定期报告制度，接受社员（代表）的审议和质询，防止管理者乱作为。三是实行社务公开制度和财务审计制度。

（2）对社员的约束。也就是组织约束力，这点目前普遍比较缺乏。一要健全新吸收社员的资格。二要明确社员退社的条件，规范退社程序。三要强调社员在遵守农民林业专业合作社规章制度从事生产经营活动中的纪律。

（三）政策性森林保险试点工作

1. 扎实推进政策性森林保险工作

一是各级林业部门要利用各种宣传手段加强对森林保险的宣传工作。二是要认真研究国家的森林保险政策，学习相关文件。三是要逐步推进，量力而为。四是要主动与财政、保险等部门加强协作，最大限度地发挥财政资金的引领作用。五是要做好保险数据统计，加强信息报送工作。六是搞好培训工作。要组织对保险知识、勘验赔付等要求的学习，做好保险服务工作。

2. 创新政策性森林保险工作机制和实现方式

一是建立政策性森林保险的工作机制。各试点县要建立财政、林业、保险监管部门以及保险经办机构参与的沟通联系机制，充分发挥金融保险在化解林业经营风险，推进林业可持续发展中的作用。

首先各级林业部门要与保险承办机构沟通，要求其加强保险理赔服务意识，做到惠农政策、承保情况、理赔结果、服务标准、监管要求"五公开"，坚持服务周到、理赔及时、方便群众的工作原则。对于保险中出现的新情况、新问题要及时上报贵州保监局、省财政厅和省林业厅，以便统一协调、协同推进。其次，各级林业主管部门要加强灾情防控，做好森林防火和林业有害生物防治等防灾防损等基础工作。灾情发生后要及时向保险经办机构提供辖区内灾情和损失情况等相关信息，指导林农及时做好灾害预防工作。要充分发挥自身的专业优势，协助保险经办机构做好承保前的风险评估及灾后查勘定损工作。第三、要加大政策性森林保险的宣传力度，普及保险知识，提高林业生产经营者的保险意识。同时要根据当地的实际情况，尽快制定适合当地的森林保险定损标准。

二是创新政策性森林保险的实现方式。森林保险是一项全新的工作，是党的惠农政策的具体体现。各级林业主管部门要积极思考、主动探索，建立风险防范机制的有效途径。在组织形式、资金整合、奖惩结合等方面大胆尝试，积极探索以国有林场、专业合作组织、承包大户和村、组、乡、县等为主的统保形式，积极探索财政保险补贴、天保工程地方公益林管护补助等资金的整合及实施的有效方式，积极探索建立风险防范资金和风险防范责任的激励机制。通过试点，总结提炼出符合我省实际的林业风险防范新机制。

（四）林权管理服务中心标准化建设试点工作

1. 加强机构队伍建设。林权管理是一个基础性的长期性工作，应有固定办公地点，明确人员编制，落实办公经费，要在整合林权管理办、纠纷调处办、林改办等机构的基础上建立林权管理服务中心或者两块牌子，统一称谓为"××县林权管理服务中心"，作为林业局内设全额拨款事业单位，原则上从事业务的人员不得少于10名，工作人员应具备与其岗位相适应的专业知识。

2. 加强管理制度建设。要建立健全内部管理制度，实行定岗、定员、定责。做到制度上墙，责任到人。完善对外服务制度，建立首问责任、一次性告知、服务承诺、限时办理、跟踪服务、工作督办、责任追究等制度。

3. 加强服务窗口建设。要按照"以人为本、管理规范、服务社会、争创一流"的工作目标，统一窗口服务标准，实现服务标准化、制度化、规范化。办公场所要在醒目位置公布服务内容、办事程序、业务流程、收费标准、承诺时限、办事值班等，要设置举报箱，公布投诉电话，方便群众监督，要建立机构管理服务中心网站，网上公布信息并及时更新。

4. 加强业务规范建设。建立健全各项业务管理制度。一是开展林改档案信息化管理系统建设，提高归档完成率和电子化录入率，达到纸质档案和电子档案双建双存，逐步实现"五化"：权属信息系统化、四至界限矢量化、档案文本扫描化、信息查询便捷化、管理服务标准化。二是规范林权流转，规范使用林权流转格式化合同，加强林权流转管理。三是规范林权抵押贷款管理。四是规范林权信息收集、登记、发布和管理。五是健全完善调处工作机制，实现调处规范化运行。

5. 加强基础设施建设。办公场所要设置林权登记、档案管理、纠纷调处、林权流转服务、林权抵押贷款、森林保险、森林资产评估、林农专业合作社建设指导等区域。办公设施设备应满足林权管理、信息发布、流转实施、金融支持和有关综合服务的需要；档案管理区的办公用房、查阅室、库房齐全，档案库房有"四防"：防火、防盗、防潮、防虫等设施。

四　工作安排

（一）林下经济发展试点工作安排

1. 2012 年 3 月底，各试点县完成《林下经济发展试点工作方案》制定，并报省、市（州）林改办备案。

2. 2012 年 4 月初，各试点县完成省厅规划资金管理处、对外合作产业处和农村林业改革发展处林业经济发展项目筛选和项目建议书编制，并按程序逐级上报。

3. 2012 年 4 月中旬，各试点县完成相关技术培训，实地指导。

4. 2012 年 6 月 20 日前，各试点县完成林下经济发展试点半年工作总结，并报省、市（州）林改办。

5. 2012 年 7 月底，各试点县完成《林下经济发展规划》，并报省、市（州）林改办。

6. 2012 年 7 月至 9 月，按照《林下经济发展试点工作方案》进行针对性指导和检查，并形成相应文字和图片资料。

7. 2012 年 11 月底，各试点县完成林下经济发展试点半年工作总结，并报省、市（州）林改办。

（二）农民林业专业合作社示范建设安排

1. 2012 年 3 月底，各示范县完成《农民林业专业合作社示范建设工作方案》制定，并报省、市（州）林改办备案。

2. 2012 年 4 月至 5 月，指导示范合作社（1 至 2 个）规范运行。

3. 2012 年 5 月底，各示范县完成《农民林业专业合作社星级评定办法》制定，并下发各农民林业专业合作社。

4. 2012 年 6 月 20 日前，各示范县完成农民林业专业合作社示范建设半年工作总结，并报省、市（州）林改办。

5. 2012 年 7 月至 9 月，按照《农民林业专业合作社示范县建设工作方案》对示范合作社进行针对性指导和检查，并形成相应文字、图片资料。

6. 2012 年 10 月底，完成农民林业专业合作社示星级评定。

7. 2012 年 11 月底，各示范县完成农民林业专业合作社示范建设全年工作总结，并报省、市（州）林改办。

（三）政策性森林保险工作安排

1. 4 月底以前组建联席会议机制，并完成实施方案制定。

2. 5 月至 6 月开展培训；签订保险协议。

3. 6 月至 11 月开展宣传及有关制度、标准制定。

4. 11 月底，对全年工作进行总结，并将有关资料、图片上报省林业厅林改处。

（四）林权管理服务中心标准化试点工作安排

1. 各试点县于 3 月底前完成试点工作方案制定，并报省林业厅林改处备案。

2. 列入国家试点的县 6 月份完成试点实施方案制定，报省林业厅审批后，再报国家林业局备案。

3. 9 至 11 月，根据实施方案对试点工作进行指导、检查，并形成相应文字、图片资料报省林业厅林改处。

4. 11 月底完成试点书面总结并以正式文件报送省林业厅林改处。

五　加强组织落实

发展集体林权制度改革是林业发展战略性的重要任务，各地区要高度重视，切实加强组织领导，根据本指导意见的要求抓紧制定具体实施方案和落实措施，加大工作力度，加强监督检查，确保各项任务措施落到实处，推动我省集体林权制度改革又好又快发展。